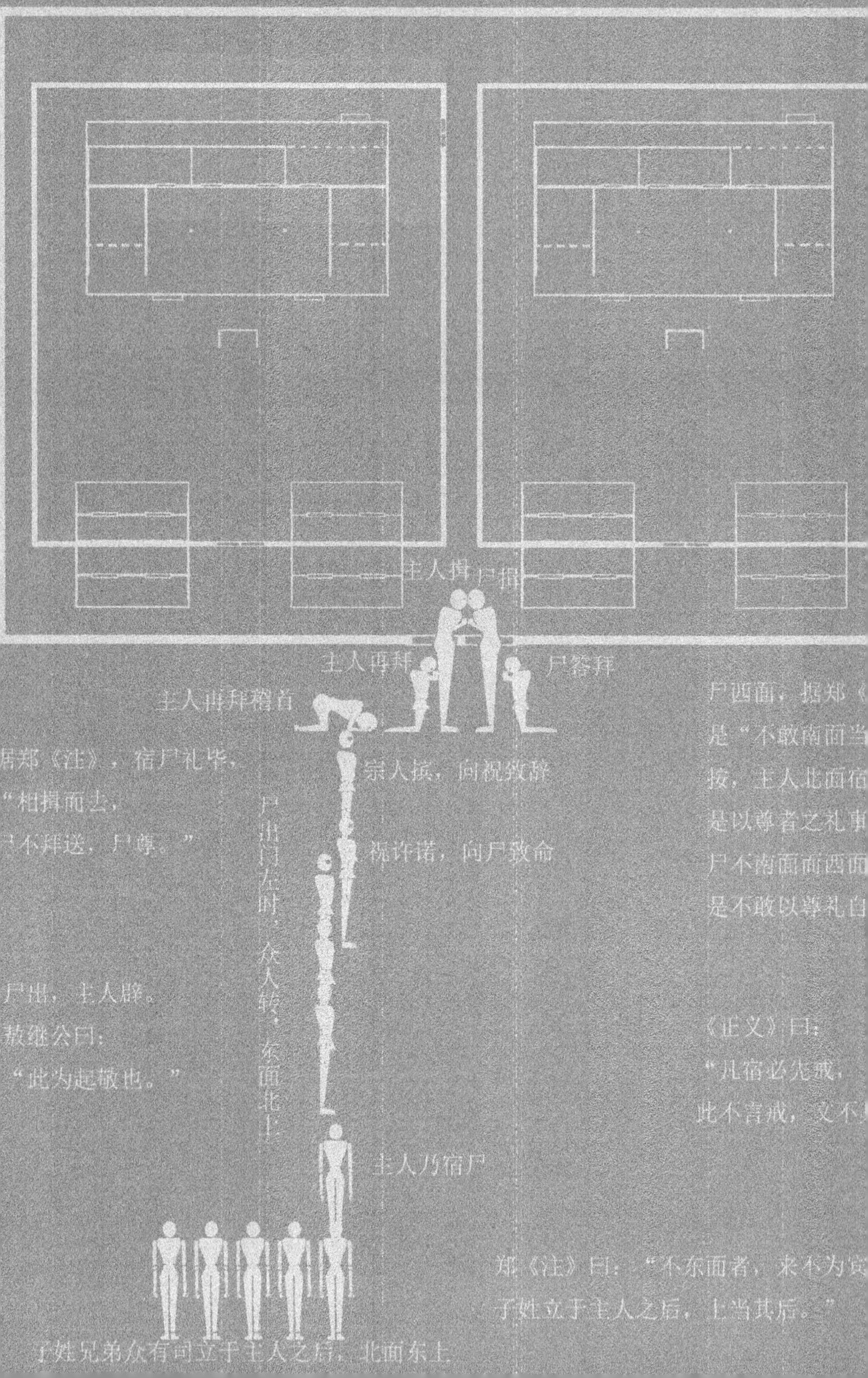

据郑《注》，宿尸礼毕，
"相揖而去，
尸不拜送，尸尊。"

尸出，主人辟。
敖继公曰：
"此为起敬也。"

尸西面，据郑《
是"不敢南面当
按，主人北面宿
是以尊者之礼事
尸不南面而西面
是不敢以尊礼自

《正义》曰：
"凡宿必先戒，
此不言戒，文不

郑《注》曰："不东面者，来不为宾
子姓立于主人之后，上当其后。"

新编仪礼图之方位图

［吉礼卷］

买靳……………著

中州古籍出版社
·郑州·

图书在版编目（CIP）数据

新编仪礼图之方位图：吉礼卷 / 买靳著 . —郑州：中州古籍出版社，2016.1（2017.6 重印）
ISBN 978-7-5348-5733-1

Ⅰ . ①新… Ⅱ . ①买… Ⅲ . ①祭礼—研究—中国 Ⅳ . ① K892.9

中国版本图书馆 CIP 数据核字（2015）第 309942 号

新编仪礼图之方位图：吉礼卷

责任编辑　贾保倩
责任校对　韩建飞
装帧设计　曾晶晶

出　版　中州古籍出版社
地址：郑州市经五路 66 号
邮编：450002
电话：0371-65788693
经　销　新华书店
印　刷　河南新华印刷集团有限公司
版　次　2016 年 1 月第 1 版
印　次　2016 年 1 月第 1 次印刷　　2017 年 6 月第 3 次印刷
开　本　890 毫米 ×1240 毫米　1/32
印　张　6.125 印张
字　数　110 千字
定　价　26.00 元

序　言

《仪礼》，是一部记载周代礼仪制度的经书。书中对绝大多数仪节的记载皆完整而详细，但由于时代悬隔，文字艰涩，制度难解，器物难明，所以，通明《仪礼》是不容易的。初学者在读书的过程中需要运用较为科学的方式方法，如清代学者陈澧曾说："《仪礼》难读，昔人读之之法，略有数端：一曰分节，二曰绘图，三曰释例。今人生古人后，得其法以读之，通此经不难矣。"（《东塾读书纪》）陈澧所说的"绘图"，指的是以绘制图表的形式直观形象地解释《仪礼》。

礼图之始，现已难以追溯。现在所能见到的最早的礼图是东汉碑刻《六玉图》（见于南宋洪适所作《隶续》），其后有郑玄、阮谌、夏侯伏朗、张镒、梁正、开皇中礼部官撰六家，但现皆难见其全貌。

后至五代，聂崇义据郑玄等六家之图，参互考定，并加集注，作《三礼图集注》二十卷，凡图三百八十余幅，文字约十余万言，内容主要是考绘行礼所需的车服、礼器等，而对行礼所在的宫室述之甚略，亦不甚精准；对五服制度及礼仪进程中揖让进退的具体方位更是毫无涉及。即使是该书主要考绘的服制礼器，也存在一定的争议。如沈括、欧阳修等多认为此书所绘与三礼注解相悖。但平心而论，该书所绘并不尽为杜撰，特别是其能参汉以来六家礼图而成一书，使“礼图”学派递相祖述，自成源流，在礼学发展史上当有其一定的地位。

继聂崇义之后，北宋陈祥道作《礼书》一百五十卷，内附示图近八百幅，图后有文，依据前人著述引用儒家经典对上古礼制进行考核订正，内容完备，条理清楚，纠偏补缺，多有独到之处。该书的保存较为完整，与司马光之《书仪》、朱熹之《仪礼经传通解》共同代表宋代礼学的最高研究水平。该书虽不是典型的礼图类著作，但附图甚多，且注解翔实。相较《三礼图集注》，该书新增了十余幅五服图以及一些释币礼、大射礼、投壶礼等相关的陈设图、礼位图，这使得礼图的内容更加完整。

南宋时期，经学繁荣，这一时期的学者亦更加深刻地意识到图谱在学术研究中的作用。这一时期，有杨复所作《仪礼图》十七卷，并《仪礼旁通图》一卷，于绍定元年（1228）正式成书。其自序中称：“复，曩时从先师朱文公读《仪礼》，求其辞而不可得，则拟为图以象之，图成而义显。凡位之先后秩序，物之轻重权衡，礼之恭逊文明，仁之忠厚恳至，义之时措从宜，智之文理密察，精粗、本末，昭然可见。……严陵赵彦肃，尝作《特牲》、《少牢》二礼图。质诸先师，先师喜曰：‘更得冠、昏图，及堂室制度并考之，乃为佳尔。’盖《仪礼》，原未有图，故先师欲与学者，考订以成之也。复今所图者，则高堂生十七篇之书也。厘为‘家乡、邦国、王朝丧祭礼’，则因先师经传通解之义例也。附《仪礼旁通图》于其后，则制度名物之总要也。”该书作图二百余幅，图之前后皆录取经文原文，又节取前儒旧说，疏通其意。该书以行礼时人物礼器的方位朝向为主，礼器宫室图稍显简略粗糙，且在图文编排上亦稍显无序及杂乱。但是，书中绝大部分图都能循经而绘，对后学颇有启发。更为重要的是，该书是较早的一部专门为《仪礼》所作的图，亦为较早的一部完整系统的行礼方位图。杨复这种另辟新径研究《仪礼》的方法，确实令人耳目一新，亦足资后世学者借鉴。

有元一代，经学衰落。这一时期较有代表性的礼图当推龚端礼所作之《五服图解》。该书篇幅较短，其中较为重要者为龚端礼所作之《五服八图》（即《本族之图》、《外族之图》、《嫁女为父族图》、《鸡笼之图》、《妻为夫家之图》、《夫为妻家之图》、《礼制六父十二母图》与《本族三殇之图》），此八图后有《易晓图》一幅及丧服、丧冠等图若干。值得一提的是，该书的写作目的并不是单纯地图释五服，而是要将古代服制与元代实际相结合，制定出一套切实可行的服丧原则。该书五服标目总计一百九十二章，其中《通制》相同一百六十二章，《通制》不载三十章，此外还收录了一些与服制有关的断例，这种结构与内容的安排正是作者写作目的的直接体现。

明代，经学略有复兴，这一时期的礼图类著作当首推刘绩的《三礼图》。该书共有四卷，凡图二百余幅，主要是行礼所用的器物与车服，亦有五服图与宫室图若干，但并无行礼方位图。与聂氏图相比较，刘绩增旧图所未备者七十余事，可补崇义之阙。可是，因明代距《仪礼》成书年代更远，而刘绩著书时主要依据的《宣和博古图》的学术严谨性亦存争议，故刘氏考绘之图未免遭到后世学者的质疑。但刘氏对前人旧说的抉择去取还是颇为谨严，刘氏《三礼图》亦有其不容忽视的学术价值。

刘绩之后，黄佐著《泰泉乡礼》。该书凡七卷，首卷为序，举以乡礼之纲领；卷一至卷六分别记述了乡约、乡校、社仓、乡社、保甲五事。末以《士相见礼》及《投壶》、《乡社礼》别为一卷附之，大抵皆简明切要，可见施行。而在此卷中，黄氏附有士相见受挚图、投壶图两幅，图中所绘鹿中、壶、筭筹等栩栩如生，但人物与大部分礼器还是用文字表示，两图宫室方位亦极简略。

明亡清兴，礼学复兴，礼图类著作（或附图以研礼解礼的著作）亦随之有极大的发展，具体可详见下表：

作　者	著　　作	附　　注
徐乾学 1631—1694	《读礼通考》	书中附若干五服图与列表相配合，五服的穿戴及所执的杖等、士丧礼[1]行礼方位图二十余幅，士虞礼方位图十余幅，宫室图约二十幅，礼器图若干（其中丧礼祭祀所用较多）。
任启运 1670—1744	《朝庙宫室考附田赋考》	书中附有宫室图九幅。
	《宫室考》	书中有北堂图，今定夫妇席前设馔图，更定饮酒礼宾位图，无筭爵图，射礼方位图，聘礼归宾馔饩图。有时附杨氏旧图用以批判。
江　永 1681—1762	《深衣考误》	书中附有深衣图若干。
	《乡党图考》	书中有宫室图三幅，宫室礼位图两幅，聘礼图四幅，圭璋璧琮束帛图各一幅，服制差等表，服冕九章图一幅，冕弁冠服图一幅，衣裳图七幅，车轮座等图四幅，席图一幅。
沈　彤 1688—1752	《仪礼小疏》	书中附有室中夫人、堂下兄弟哭位图各一幅。
褚寅亮 1715—1790	《仪礼管见》	书中附有共牢设馔图与公食大夫陈馔图各一幅。

〔1〕含《士丧礼》与《既夕礼》两篇。

续表

作 者	著 作	附 注
江 声 1721—1799	《尚书集注音疏》	书中附明堂殡宫图两幅可参考。
戴 震 1724—1777	《考工记图注》	书中附有礼器图与宫室图若干。
程瑶田 1725—1814	《宗法小记》	书中附有宗法图若干。
	《仪礼丧服文足徵记》	书中附有丧服图若干。
	《九穀考》	书中附有黍稷稻粱等图若干。
	《释草小记》	书中附有若干经文涉及的草木之图。
	《释虫小记》	书中附有若干经文涉及的昆虫之图。
	《考工创物小记》	书中附有礼器图若干。
金 榜 1735—1801	《礼笺》	书中附有礼器图若干。
汪 中 1745—1794	《述学》	书中附有天子之宫室图四幅。
孔广林 1746—1814	《仪礼臆测》	书中附有宫室图一组（含郑玄旧说与孔氏改定图两部分）。
孙星衍 1753—1818	《明堂考》	书中附宫室图八幅，图中已经开始注意明堂王都周围的山川水脉。
孔广森 1752—1786	《礼学卮言》	书中附有宫室图四幅。
洪颐煊 1765—?	《礼经宫室答问》	书中附有宫室图八幅。
张惠言 1761—1802	《仪礼图》	凡六卷，图近三百幅。首卷为宫室与衣服，之后五卷按照《仪礼》经文篇次编排，其中绝大部分为行礼方位图，考绘皆甚为精慎，亦有五服图与少量丧器图。

续表

作　者	著　　作	附　　注
焦　循 1764—1820	《群经宫室图》	书中附有宫室图若干。
陈　奂 1786—1863	《毛诗说》	书中附有礼服图以及宫室图若干。
吴嘉宾 1803—1864	《丧服会通说》	书中附有丧服图若干。
邹汉勋 1805—1854	《读书偶识》	书中附有宫室图若干，天子宫室居多。
郑　珍 1806—1864	《仪礼私笺》	书中附有公食大夫礼正馔加馔图一幅，以及前人士昏礼对席图六幅。
陈乔纵 1808—1869	《礼堂经说》	书中附有宫室图一幅。
俞　樾 1821—1907	《士昏礼对席图》	书中附有前人所绘士昏礼对席图六幅。
	《群经平议》	书中附有宫室图若干，以及聘礼陈馔图一幅。
黄以周 1828—1899	《礼书通故》	凡五十卷，后三卷中有服制表，丧服表，三百余幅礼器图，二十四幅宫室图，以及按照《仪礼》经文篇次编排的近二百幅行礼方位图。
吴之英 1857—1918	《寿栎庐仪礼奭固礼器图》	宫室图三幅，为立体复原图，形象生动，栩栩如生。以及近四百幅礼器图，画工十分精湛，随图附有较为详细的考释。
	《寿栎庐仪礼奭固礼事图》	书中有按照《仪礼》经文编排的近四百幅行礼方位图，十分详尽，且其中有很多涉及行礼时的变例，但标示宫室方位却过于简略，阅读时使人颇感不便，方位朝向也有待考证。

续表

作 者	著 作	附 注
张锡恭 1858—1924	《丧服郑氏学》	书末附有深衣图六幅。
于 鬯 1862—1919	《读仪礼日记》	书中附有射侯图若干。
曹元弼 1867—1953	《礼经学》	书中附有七幅宫室图，二十余幅礼服图及丧服表若干。
林乔荫[1]	《三礼陈数求义》	书凡三十卷，内附宫室图、宗法图、服制表若干。
盛世佐[2]	《仪礼集编》	书中附有今定夫妇席前设馔图，北堂图，一组乡饮酒礼宾位图，无筭爵图，射礼方位图。多为批判杨氏图之误。
林颐山[3]	《经述》	书中附有深衣图一组（含江氏图，有对比之意）。

由上表可知，以图释礼已经成为清代礼家经常使用的一种手段。而且，这一时期礼图的质量也高于前代。其中最值得一提的是张惠言所作的《仪礼图》。张氏图凡三百余幅，首卷先明宫室服制，再依经文次序绘制礼器及与礼者的方位朝向，图中常有自注，若图不能释则别立列表以明其义。《四库全书·总目提要》赞之曰："（张氏图所绘）礼之诸仪诸节皆清晰不淆，宛如亲临其境……（使读者将）进退揖让之节，了然于心目间。惠言之图，要比宋人杨复《仪礼图》粲然毕备，详明易览。案《仪礼》一经，久成绝

〔1〕生卒年不详，但当为乾隆年间（1765）进士。
〔2〕生卒年不详，但当为乾隆年间（1748）进士。
〔3〕生卒年不详，但当为光绪年间（1892）进士。

学，惠言能研究钩贯，条理秩然，实不愧通达穷经之绪。”

近代至今，礼图不兴，及至今日，亦未有系统完备的仪礼图问世。

自汉至清，千余年间，礼图类著述虽不乏佳作，但因历史条件的局限，也有一些无法避免的缺憾。首先，古图中的礼器宫室皆为礼家绘制，因而有时会与实物存在较大的差异。如《仪礼》中经常提及的“柶”，聂崇义、吴之英皆因《说文》之释将其绘为匕状，这与事实是不相符的。再如，经中庙群的布局问题，历来皆有“一”字形与“品”字形两种观点，杨复、江永、陈奂、盛世佐等悉从贾《疏》绘为“一”字形，此皆与马家庄秦宫庙遗址布局相悖。其次，古图中的方位图皆以文字的方向表明器物或与礼者的朝向，这使得读者在阅读的过程中，不得不反复掉转书本的方向，甚为不便。而且，图中的人与物都以文字写明，不加区分，较为占用空间；在表现一些空间范围较小但礼器众多、人员密集的仪节时，显得十分吃力，在表现人物的行进路线与行礼动作上也力有不逮。最后，前人方位图中，鲜有经义的说明，这使得方位图成为一本单纯的考据性著作。读者看图，但能知晓人物礼位之制与礼器陈设之法而不能知其缘故。礼仪，其实更多的是一种精神上的文明。《仪礼》中，行礼时的陈设朝向与揖让进退间的动作无不体现着先人对天人关系、社会关系、自身问题的思考与解答。故不能在方位图中辅之以相关经义，而仅关注繁琐的礼制仪节，亦是古代礼图的一大遗憾。

现笔者力图充分汲取学术界近三十年相关研究成果，在尊重借鉴前人图谱的基础上，新制仪礼图，以补前图之憾。

本书为《新编仪礼图之方位图》（吉礼卷），《仪礼》中专言吉礼者凡三篇，即第十五篇《特牲馈食礼》、第十六篇《少牢馈食礼》、第十七篇《有司》[1]。《特牲馈食礼》记述士岁时祭其祖祢之礼。特即一。牲谓豕，即猪。所谓特牲，就是一豕。凡牲一为特，二为牢。所谓馈食，简言之，就是用食。清人胡培翚《仪礼正义》引官献瑶云："大夫曰少牢馈食，所以别于天子国君之大牢也；士曰特牲馈食，所以别于卿大夫之少牢也。"又引蔡德晋云："士丧遣奠用羊、豕，是士之祭亦有用少牢者，盖特牲其常，而少牢乃其盛礼也。"

士逢岁时用一头猪，还有黍、稷和其他许多食物和酒，于庙中祭祀已故的父祖之神，如同父祖生前子孙馈食以奉养父祖，所以叫作特牲馈食礼。士有上、中、下三等，据说上士有祖、祢二庙，中士和下士则父祖共一庙，但不论是二庙还是一庙，祭祖还是祭祢，其礼仪和所用器物都一样，因此所记特牲馈食礼，也就不分祖、祢。

《少牢馈食礼》记述诸侯之卿大夫祭其祖祢于庙之礼。所以以"少牢"命篇，清人胡培翚《仪礼正义》引《何休注公羊传》云："天子诸侯卿大夫，牛羊豕凡三牲，曰大牢，天子元士诸侯之卿大夫，羊豕凡二牲，曰少牢。"又引吴廷华云："谓之少者，杀于大牢也。"可见，卿大夫之祭礼用"少牢"（羊、豕）乃是相对于天子、诸侯之祭礼用"大牢"（牛、羊、豕）而言的，同时还是相对于士

---

〔1〕 宋人王应麟依照《周礼·春官·大宗伯》对礼的划分方法，将《仪礼》十七篇分为四类：《特牲馈食礼》、《少牢馈食礼》、《有司》等三篇记祭祀鬼神、祈求福佑之礼，属于吉礼；《丧服》、《士丧礼》、《既夕礼》、《士虞礼》等四篇记丧葬之礼，属于凶礼；《士相见礼》、《聘礼》、《觐礼》等三篇记宾主相见之礼，属于宾礼；《士冠礼》、《士昏礼》、《乡饮酒礼》、《乡射礼》、《燕礼》、《大射》、《公食大夫礼》等七篇记冠昏、宾射、燕飨之礼，属于嘉礼。

之祭礼用“特牲”（豕）而言的。这是尊卑等级观念在祭礼中的体现。上言“诸侯之卿大夫”，其中，“诸侯之卿”指上大夫；“大夫”则指下大夫。

诸侯之卿大夫逢岁时用少牢，还有黍、稷以及其他许多食物和酒，在庙中祭祀已故的父祖之神，如同父祖生前子孙馈食以奉养父祖，所以叫少牢馈食礼。据说大夫立三庙，即父庙、祖庙和曾祖庙，但三庙祭祀的礼仪和所用器物都一样。本篇是祖庙祭礼，已包括其他二庙。但本篇只记了少牢馈食礼的正祭部分，并没有完，与下篇《有司》实际是一篇，古人因其简册繁重而分为上、下两篇。

《有司》乃言上大夫傧尸及下大夫不傧尸之礼，与上篇本为一篇[1]。该篇取篇首两字为其篇名。在内容结构上，它大致分为两个大的部分，第一部分自“有司彻，扫堂”至“主人退，有司彻”讲述上大夫傧尸之事；第二部分自“若不傧尸”至篇末则讲述下大夫不傧尸之事。因系《少牢馈食礼》之下篇，此篇所记述的乃是既祭而傧尸于堂之礼。

〔1〕所谓傧尸，就是把尸当作宾客加以款待。

目　录

总 图 例

表示某一件位置固定的礼器

向东陈设 向西陈设 向南陈设 向北陈设

向东南陈设 向东北陈设 向西南陈设 向西北陈设

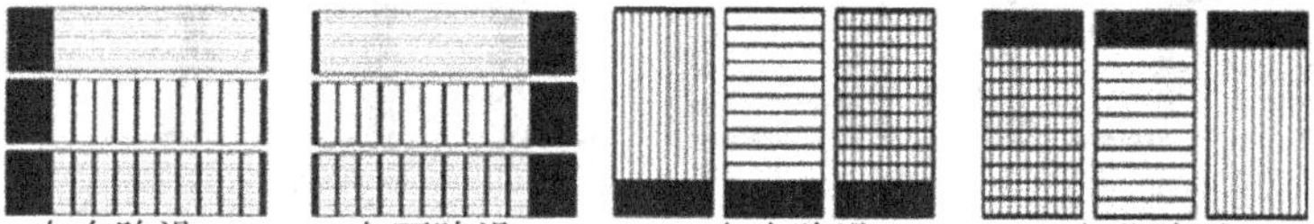

向东陈设 向西陈设 向南陈设 向北陈设

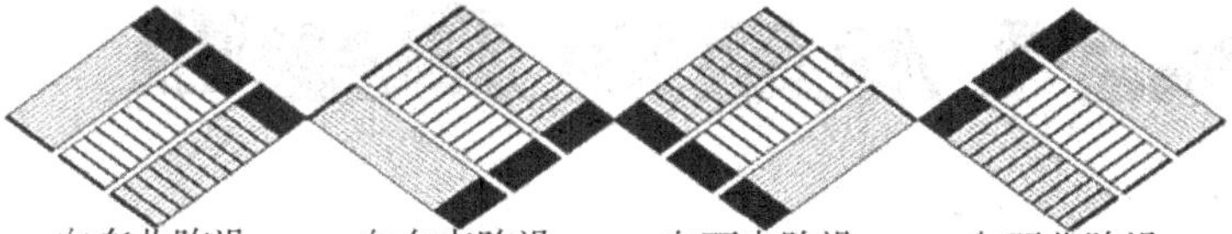

向东北陈设 向东南陈设 向西南陈设 向西北陈设

表示某人立于某处

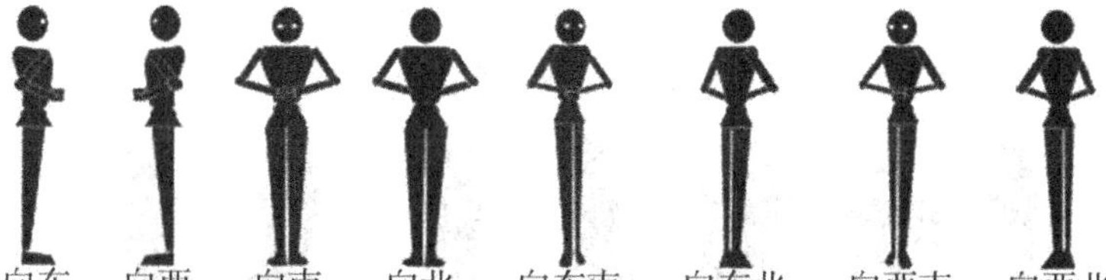

向东 向西 向南 向北 向东南 向东北 向西南 向西北

表示某人揖或厌于某处

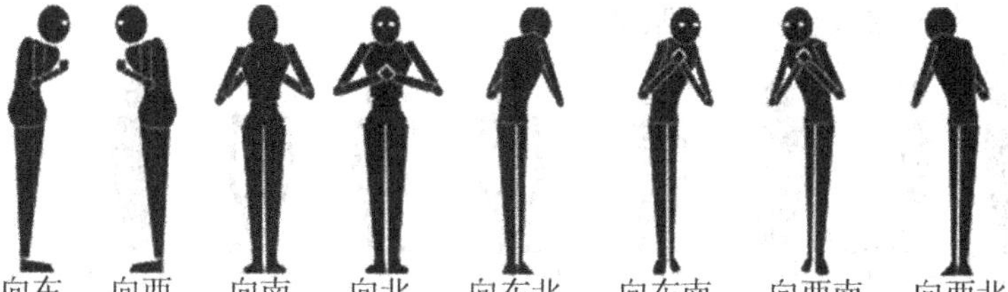

向东 向西 向南 向北 向东北 向东南 向西南 向西北

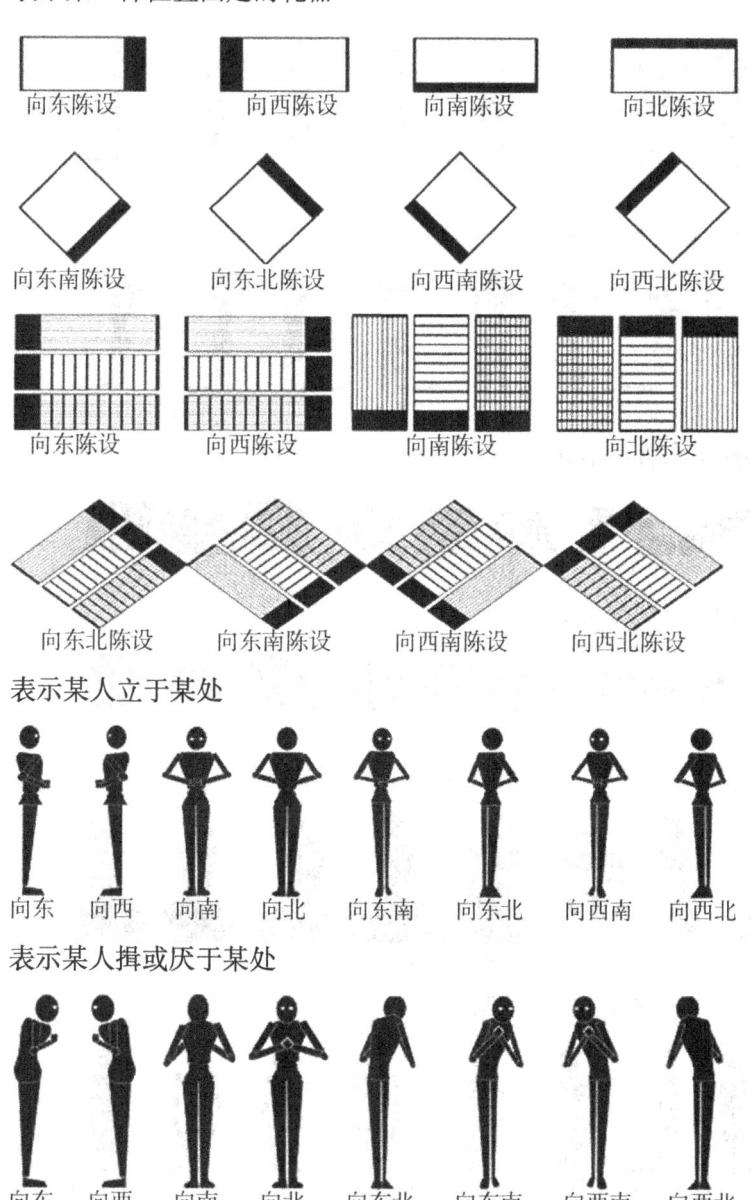

表示某人拜（空手拜）于某处

向东　向西　向南　向北　向东南　向东北　向西南　向西北

表示妇人肃拜于某处

向东　向西　向南　向北　向东南　向东北　向西南　向西北

表示某人稽首拜于某处

向东　向西　向南　向北　向东南　向东北　向西南　向西北

表示妇人扱地拜于某处

向东　向西　向南　向北　向东南　向东北　向西南　向西北

表示某人跪或坐于某处（《仪礼》中跪坐不分）

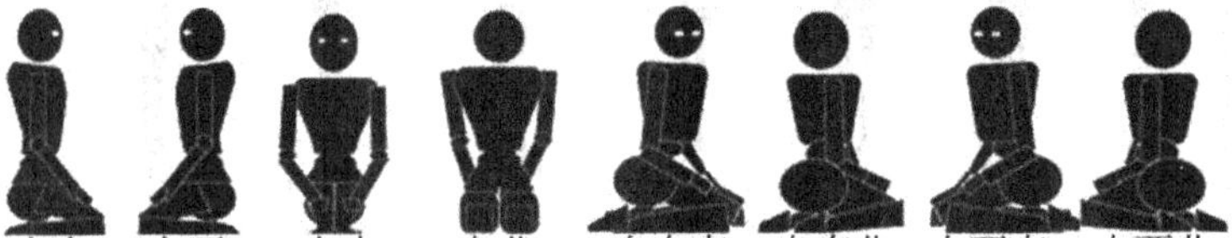

向东　向西　向南　向北　向东南　向东北　向西南　向西北

表示某人坐取或坐授受于某地

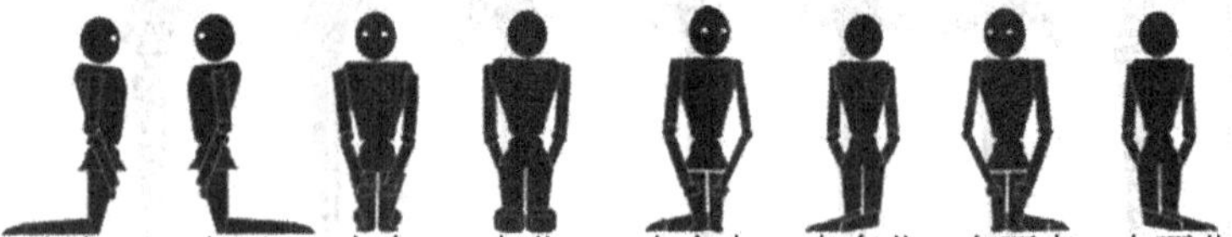

向东　向西　向南　向北　向东南　向东北　向西南　向西北

表示某人行于某处

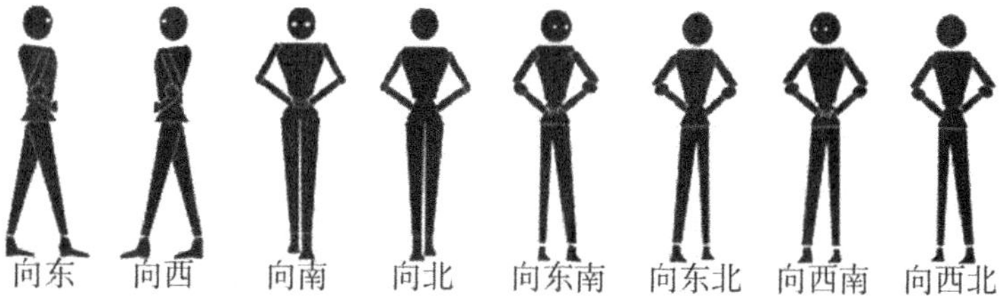

表示某人蹦于某处

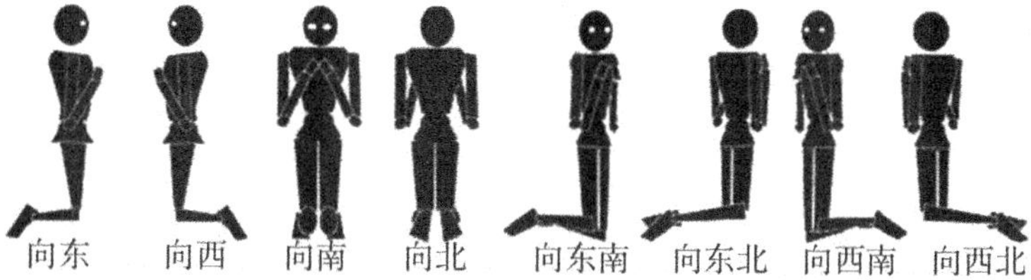

仅表示某人礼位于某处

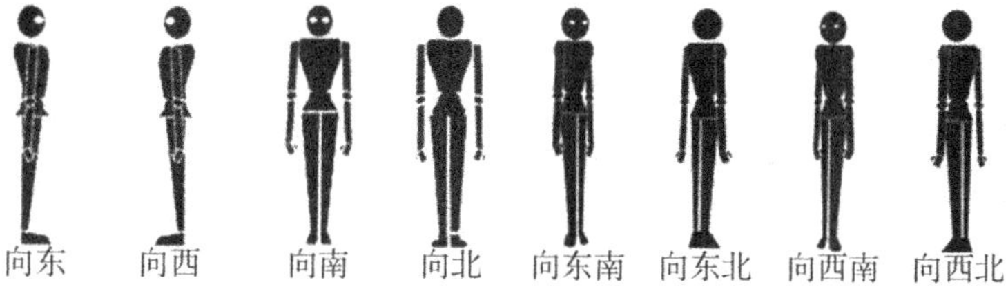

（参见段玉裁《释拜》，贾谊（新书），吴道子《孔子天揖图》）

特牲馈食礼

特牲馈食礼方位图

按，据郑《注》，士因为职贱事繁，不能预谋祭日而后筮之，只是到事暇可以行祭礼时，才临时择日而筮之。

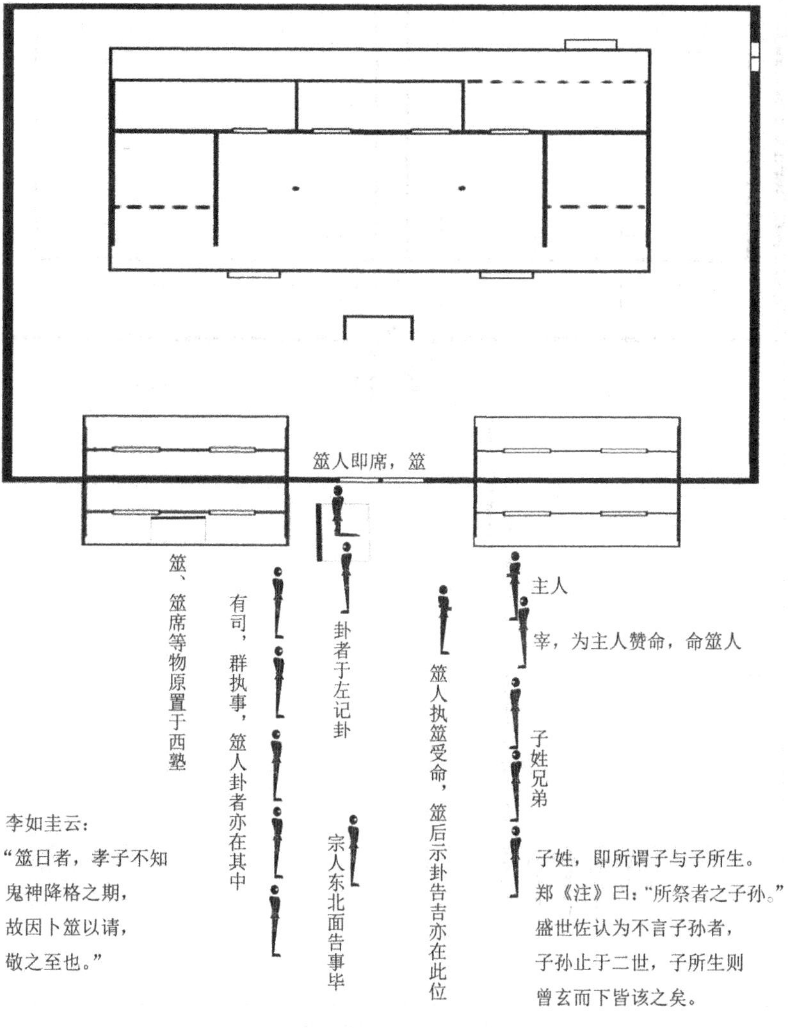

15－1－1　筮日图

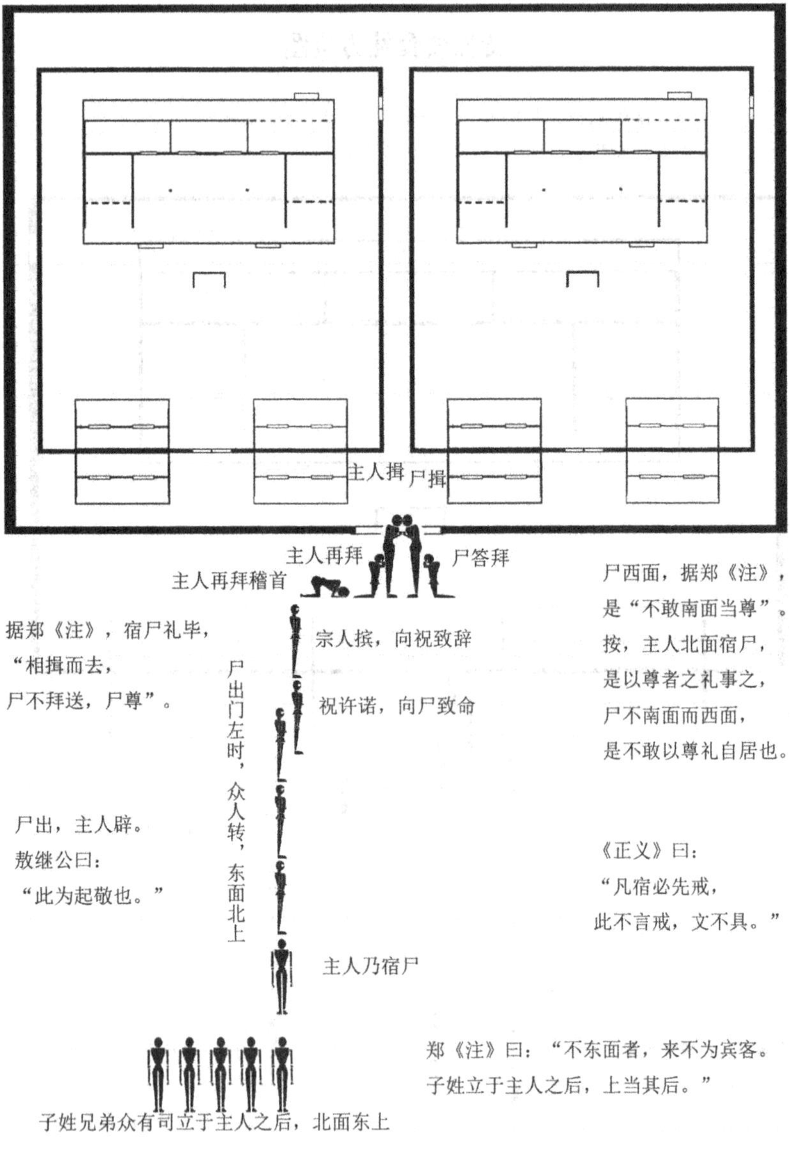
主人揖
尸揖
主人再拜
尸答拜
主人再拜稽首
尸西面，据郑《注》，是“不敢南面当尊”。按，主人北面宿尸，是以尊者之礼事之，尸不南面而西面，是不敢以尊礼自居也。
据郑《注》，宿尸礼毕，“相揖而去，尸不拜送，尸尊”。
宗人摈，向祝致辞
尸出门左时，众人转，东面北上
祝许诺，向尸致命
尸出，主人辟。敖继公曰：“此为起敬也。”
《正义》曰：“凡宿必先戒，此不言戒，文不具。”
主人乃宿尸
郑《注》曰：“不东面者，来不为宾客。子姓立于主人之后，上当其后。”
子姓兄弟众有司立于主人之后，北面东上

15－3－1　宿尸图

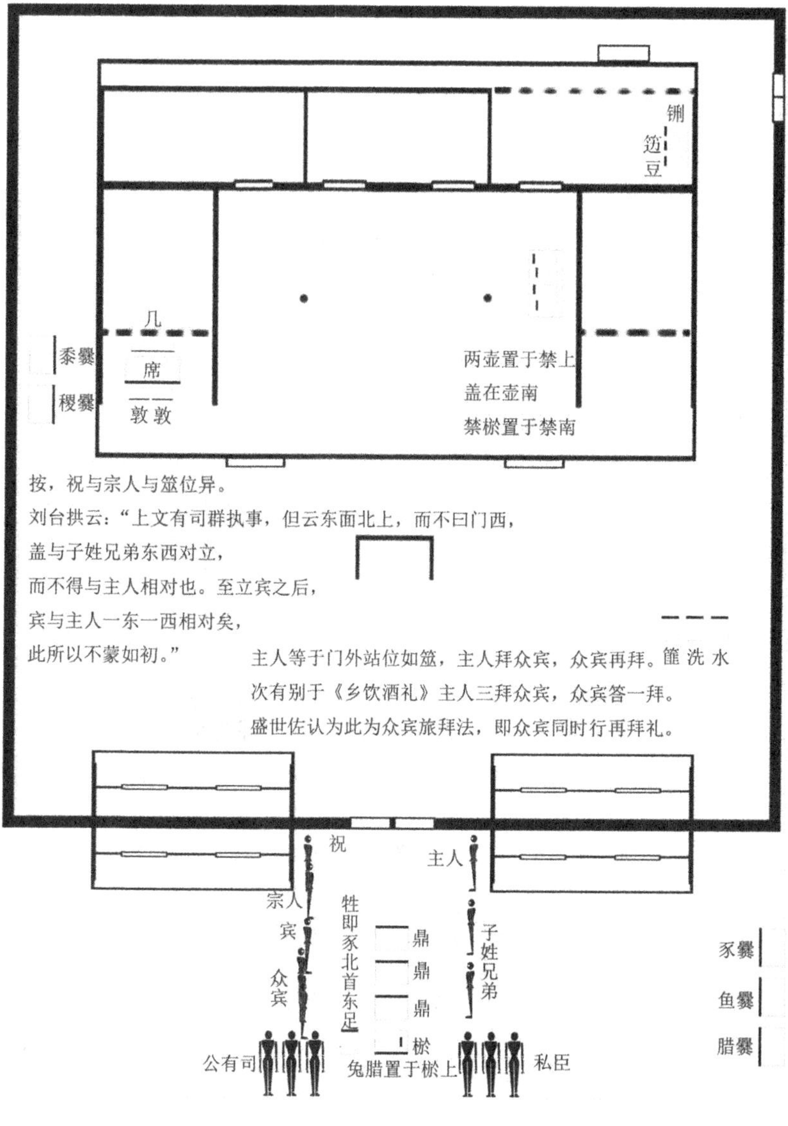
铏
笾豆
几
黍爨
席
稷爨
敦 敦
两壶置于禁上
盖在壶南
禁桥置于禁南
按，祝与宗人与篚位异。
刘台拱云：“上文有司群执事，但云东面北上，而不曰门西，
盖与子姓兄弟东西对立，
而不得与主人相对也。至立宾之后，
宾与主人一东一西相对矣，
此所以不蒙如初。”
主人等于门外站位如篚，主人拜众宾，众宾再拜。篚 洗 水
次有别于《乡饮酒礼》主人三拜众宾，众宾答一拜。
盛世佐认为此为众宾旅拜法，即众宾同时行再拜礼。
祝
主人
宗人
宾
众宾
牲即豕北首东足
鼎
鼎
鼎
桥
子姓兄弟
豕爨
鱼爨
腊爨
公有司
兔腊置于桥上
私臣

15－5－1　视涤视牲图一

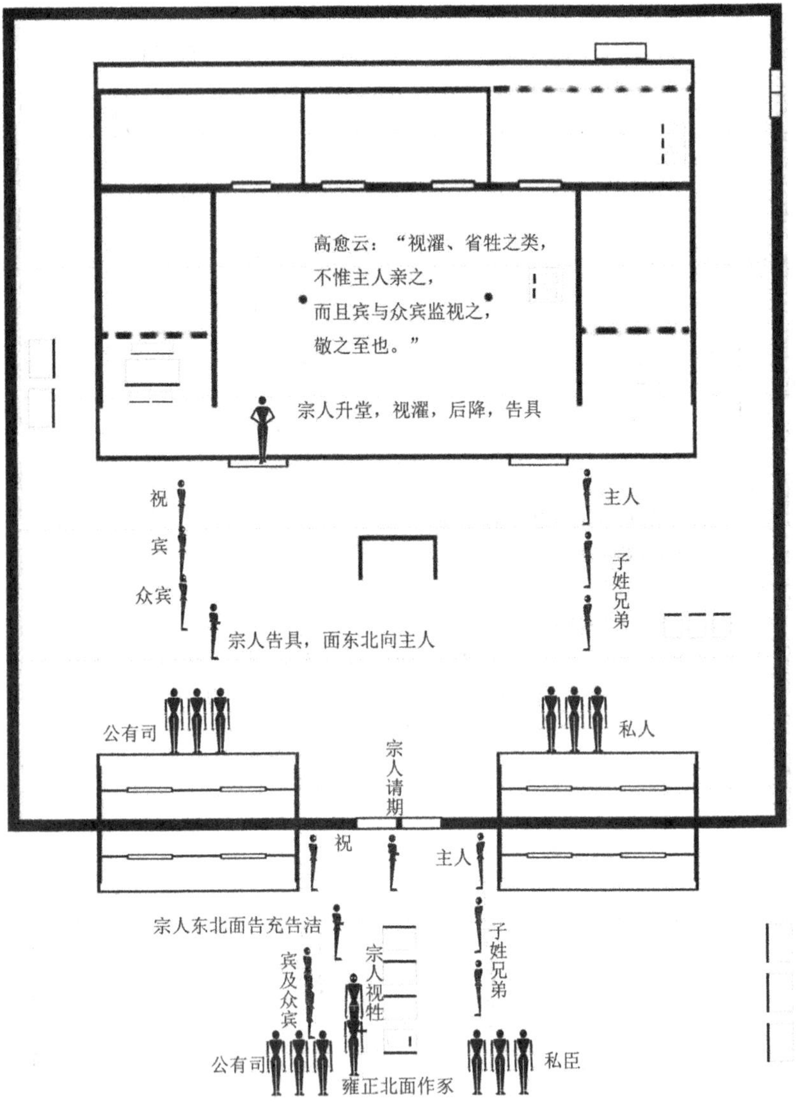
高愈云：“视濯、省牲之类，
不惟主人亲之，
而且宾与众宾监视之，
敬之至也。”
宗人升堂，视濯，后降，告具
祝
宾
众宾
主人
子姓兄弟
宗人告具，面东北向主人
公有司
私人
宗人请期
祝
主人
宗人东北面告充告洁
子姓兄弟
宾及众宾
宗人视牲
公有司
雍正北面作豕
私臣

15－5－2　**视涤视牲图二**

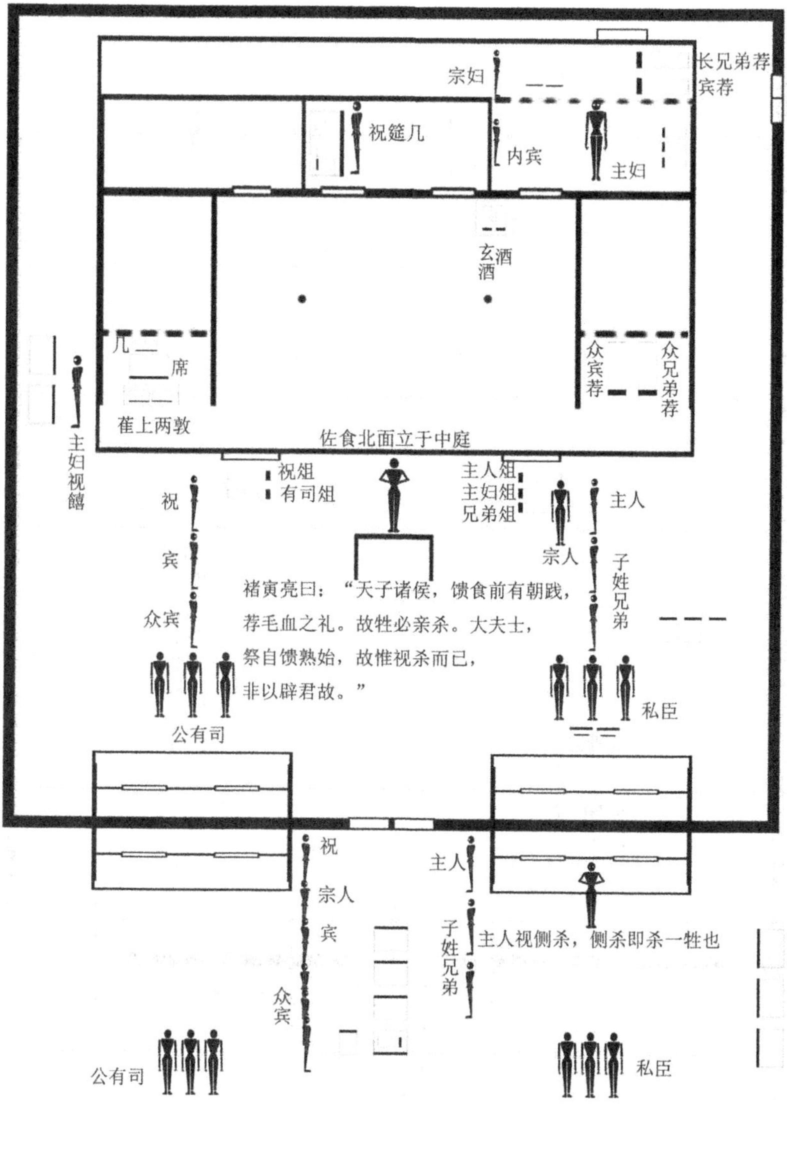

15－6－1 **祭日陈设及位次图**

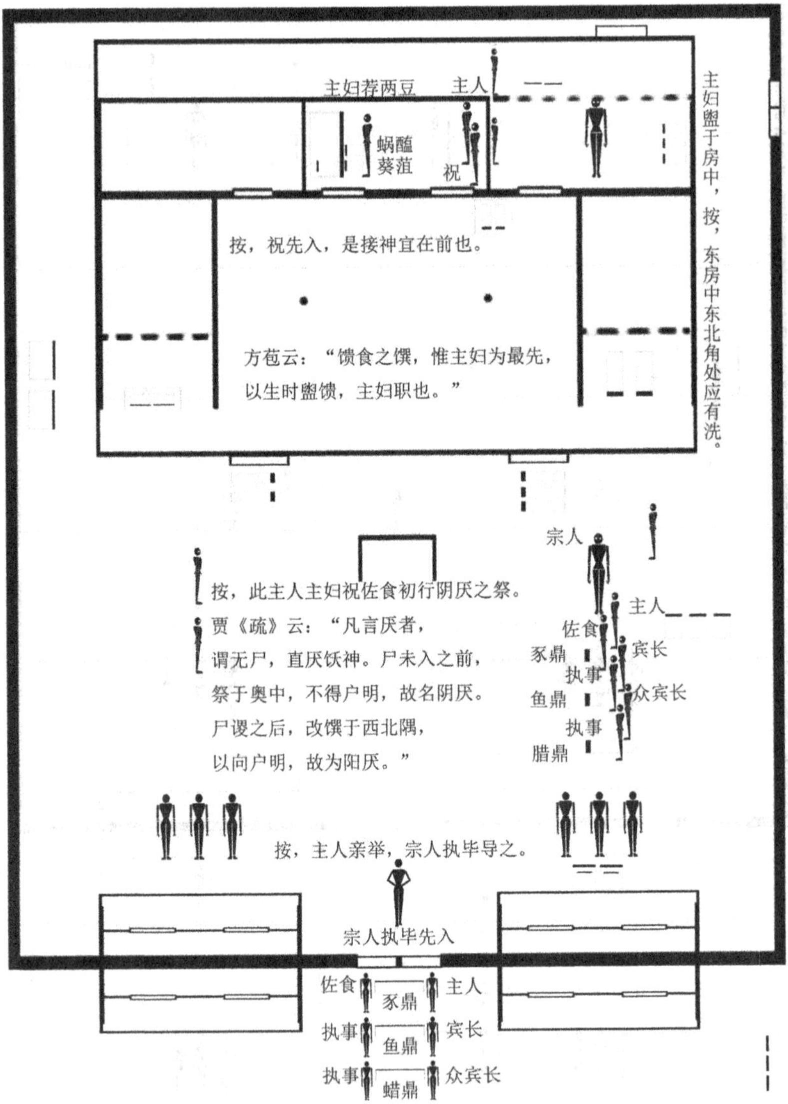
主妇荐两豆
主人
主妇盥于房中，按，东房中东北角处应有洗。
蜗醢
葵菹
祝
按，祝先入，是接神宜在前也。
方苞云：“馈食之馔，惟主妇为最先，以生时盥馈，主妇职也。”
宗人
按，此主人主妇祝佐食初行阴厌之祭。
贾《疏》云：“凡言厌者，谓无尸，直厌饫神。尸未入之前，祭于奥中，不得户明，故名阴厌。尸谡之后，改馔于西北隅，以向户明，故为阳厌。”
主人
佐食
宾长
豕鼎
执事
众宾长
鱼鼎
执事
腊鼎
按，主人亲举，宗人执毕导之。
宗人执毕先入
佐食
主人
豕鼎
执事
宾长
鱼鼎
执事
众宾长
蜡鼎

15－7－1　**阴厌图一**

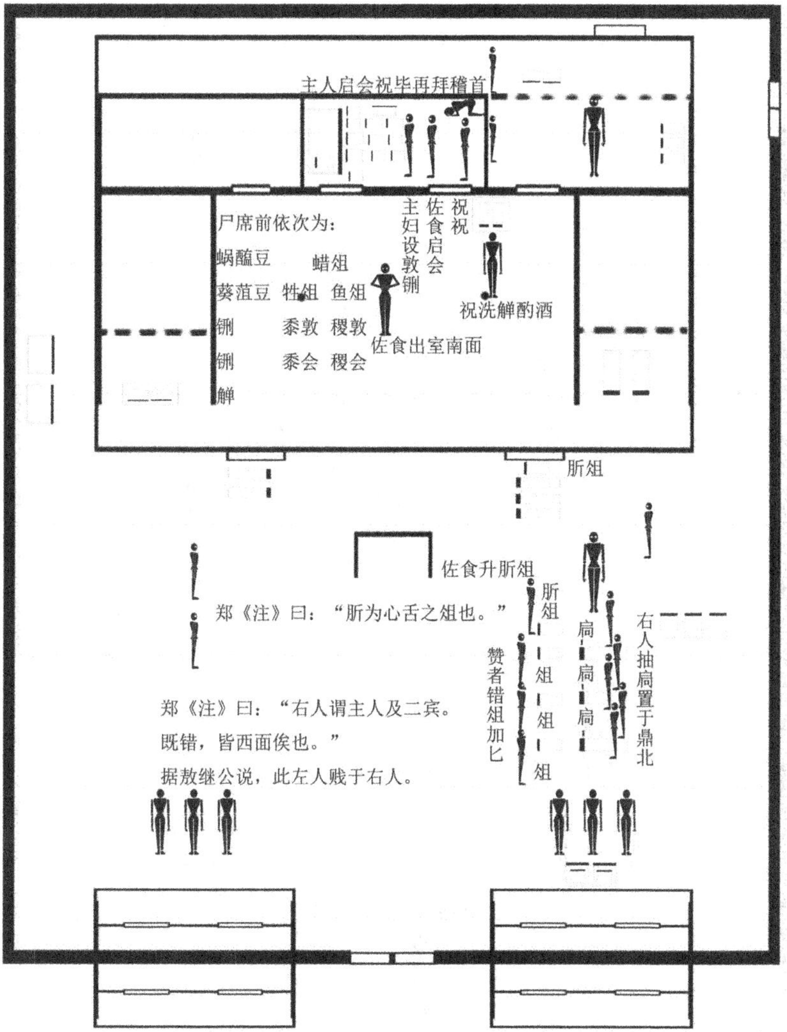
主人启会祝毕再拜稽首
尸席前依次为：
蜗醢豆
蜡俎
葵菹豆
牲俎
鱼俎
铏
黍敦
稷敦
铏
黍会
稷会
觯
主妇设敦铏
佐食启会
祝祝
祝洗觯酌酒
佐食出室南面
肵俎
佐食升肵俎
郑《注》曰：“肵为心舌之俎也。”
肵俎
扃
组
扃
俎
扃
俎
赞者错俎加匕
右人抽扃置于鼎北
郑《注》曰：“右人谓主人及二宾。
既错，皆西面俟也。”
据敖继公说，此左人贱于右人。

15－7－2　**阴厌图二**

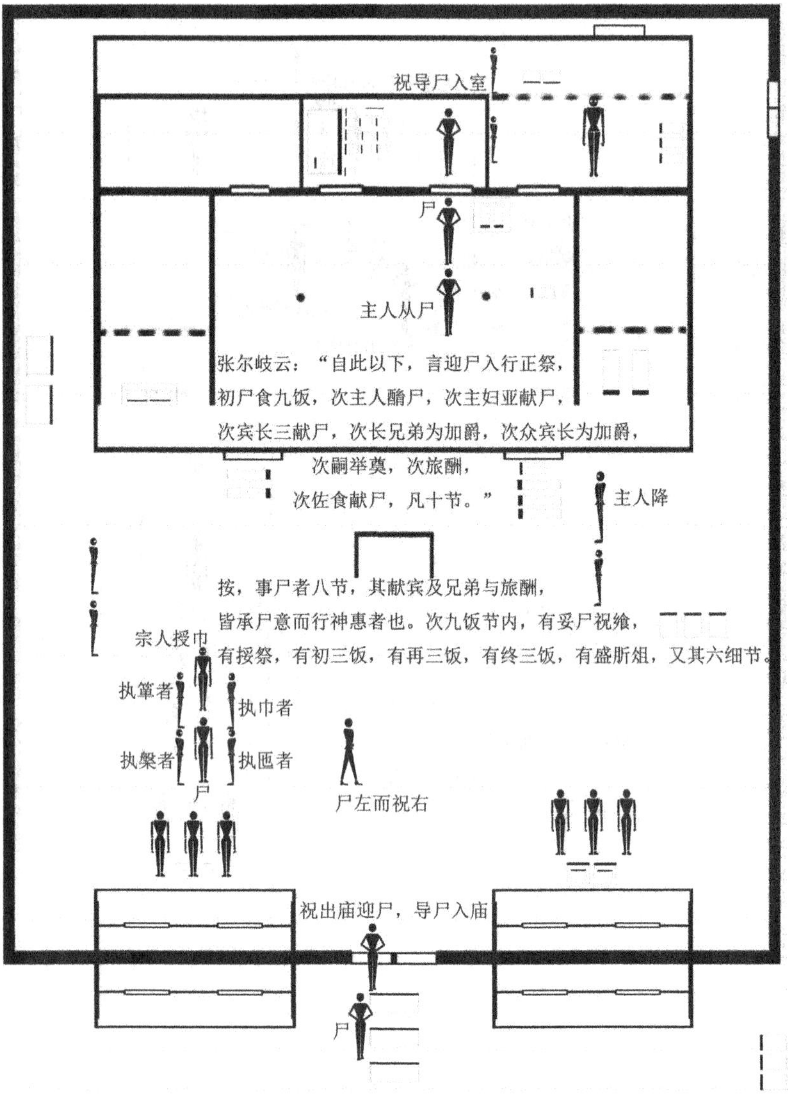
祝导尸入室
尸
主人从尸
张尔岐云："自此以下，言迎尸入行正祭，
初尸食九饭，次主人酳尸，次主妇亚献尸，
次宾长三献尸，次长兄弟为加爵，次众宾长为加爵，
次嗣举奠，次旅酬，
次佐食献尸，凡十节。"
主人降
按，事尸者八节，其献宾及兄弟与旅酬，
皆承尸意而行神惠者也。次九饭节内，有妥尸祝飨，
有挼祭，有初三饭，有再三饭，有终三饭，有盛肵俎，又其六细节。
宗人授巾
执箪者
执巾者
执槃者
执匜者
尸
尸左而祝右
祝出庙迎尸，导尸入庙
尸

15－8－1　**尸入九饭图一**

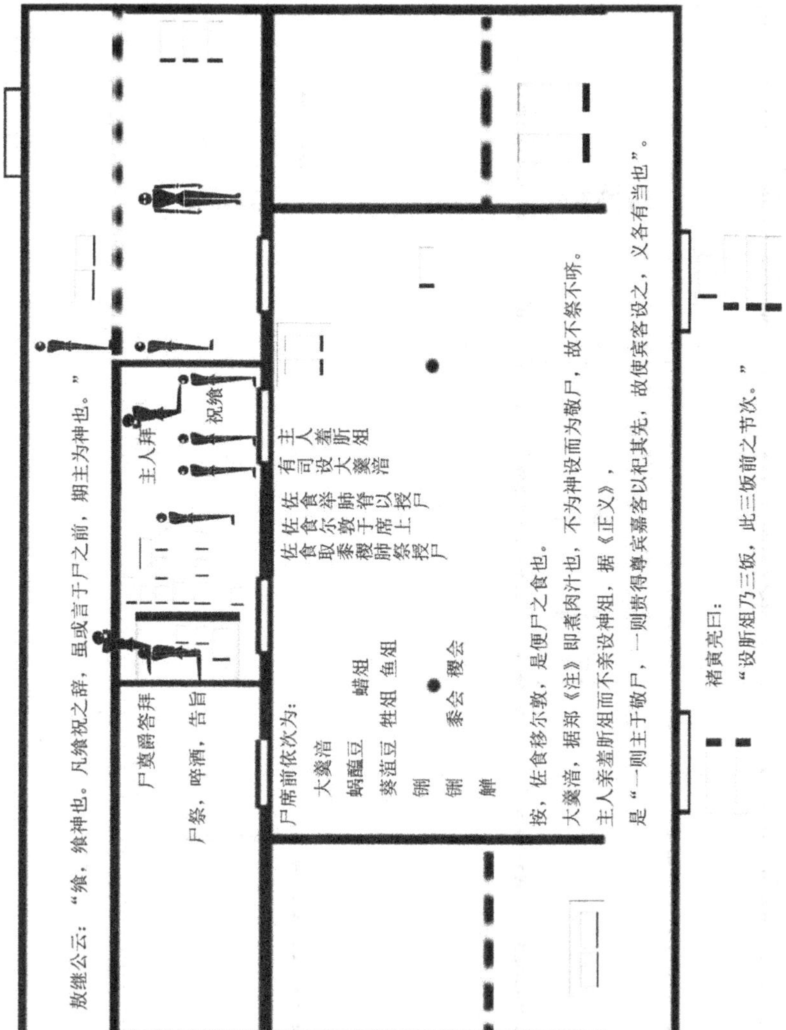
敖继公云：“飨，飨神也。凡飨祝之辞，虽或言于尸之前，期主为神也。”
尸奠爵答拜
尸祭，啐酒，告旨
主人拜
祝飨
尸席前依次为：
大羹湆
蜗醢豆
葵菹豆
牲俎
鱼俎
腊俎
铏
铏
黍会
稷会
觯
佐食取黍稷肺祭授尸
佐食尔敦于席上
佐食举肺脊以授尸
有司设大羹湆
主人羞肵俎
按，佐食移尔敦，是便尸之食也。
大羹湆，据郑《注》即煮肉汁也，不为神设而为敬尸，故不祭不哜。
主人亲羞肵俎而不亲设神俎，据《正义》，
是“一则主于敬尸，一则贵得尊宾嘉客以祀其先，故使宾客设之，义各有当也”。
褚寅亮曰：
“设肵俎乃三饭，此三饭前之节次。”

15－8－2　**尸入九饭图二**

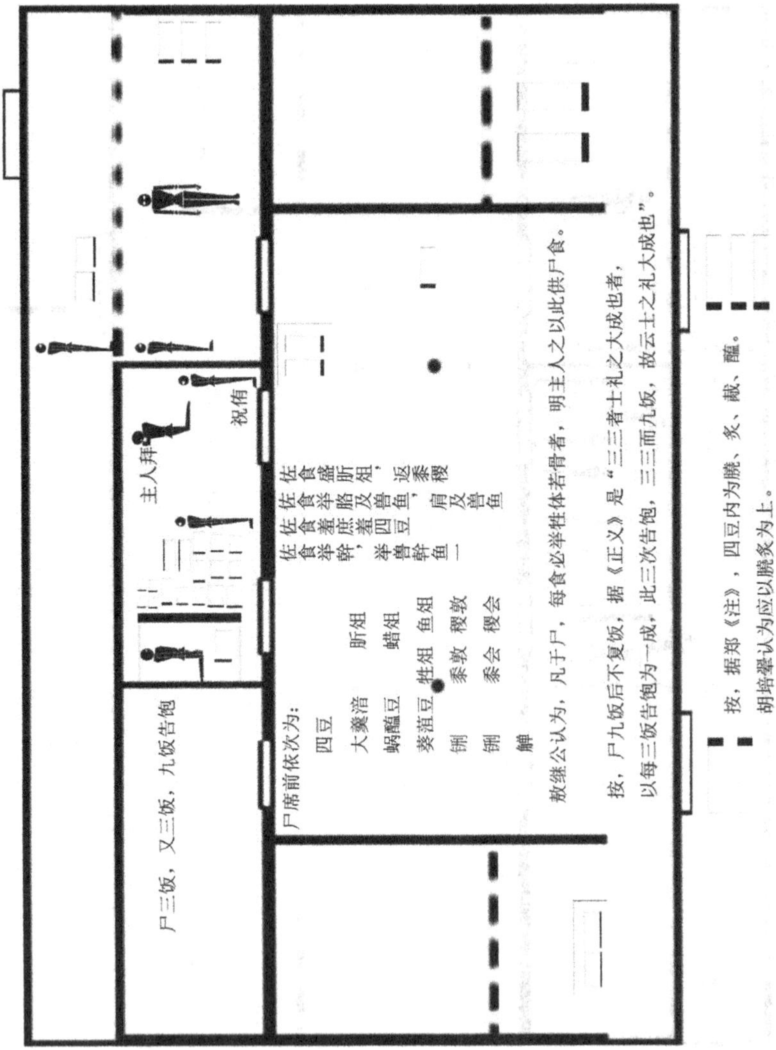
尸三饭，又三饭，九饭告饱
主人拜
祝侑
尸席前依次为：
四豆
大羹湆　肵俎
蜗醢豆　腊俎
葵菹豆　牲俎　鱼俎
铏　黍敦　稷敦
铏　黍会　稷会
觯
佐食盛肵俎，返黍稷
佐食举胳及兽鱼，肩及兽鱼
佐食羞庶羞四豆
佐食举幹，举兽幹鱼一
敖继公认为，凡于尸，每食必举牲体若骨者，明主人之以此供尸食。
按，尸九饭后不复饭，据《正义》是“三三者士礼之大成也者，
以每三饭告饱为一成，此三次告饱，三三而九饭，故云士之礼大成也”。
按，据郑《注》，四豆内为膮、炙、胾、醢。
胡培翚认为应以膮炙为上。

15－8－3　尸入九饭图三

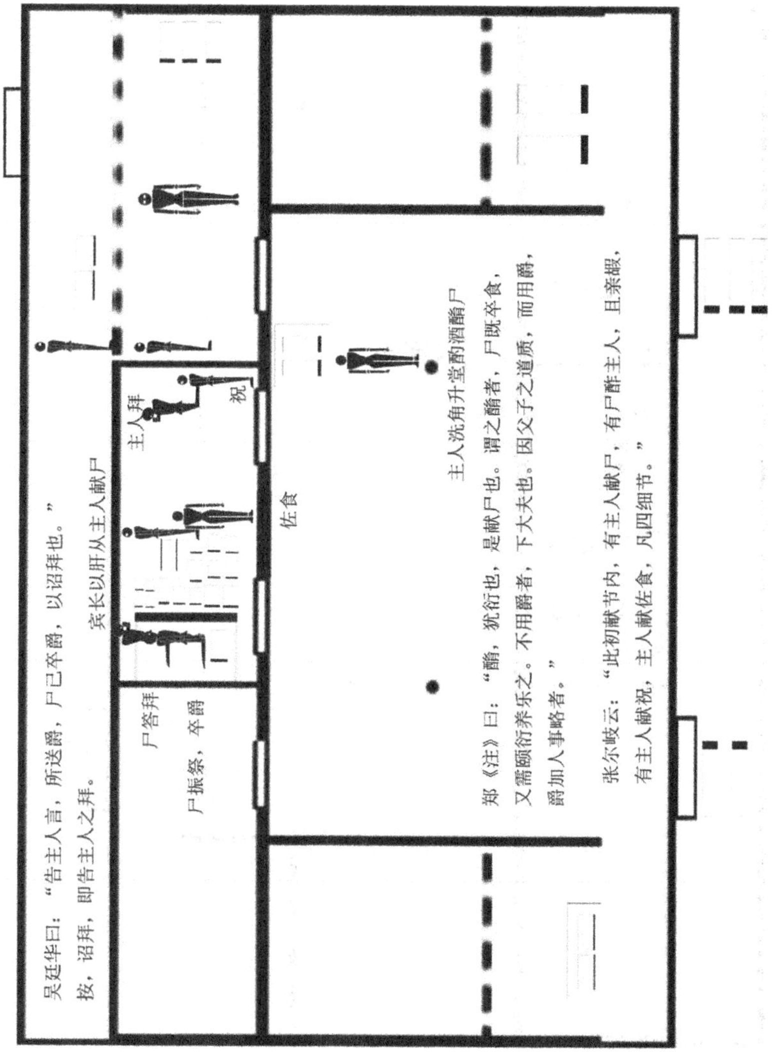
吴廷华曰："告主人言，所送爵，尸已卒爵，以诏拜也。"
按，诏拜，即告主人之拜。
宾长以肝从主人献尸
主人拜
祝
尸答拜
尸振祭，卒爵
佐食
主人洗角升堂酌酒酳尸
郑《注》曰："酳，犹衍也，是献尸也。谓之酳者，尸既卒食，又需颐衍养乐之。不用爵者，下大夫也。因父子之道质，而用爵，爵加人事略者。"
张尔岐云："此初献节内，有主人献尸，有尸酢主人，且亲嘏，有主人献祝，主人献佐食，凡四细节。"

15－9－1　**主人初献图一**

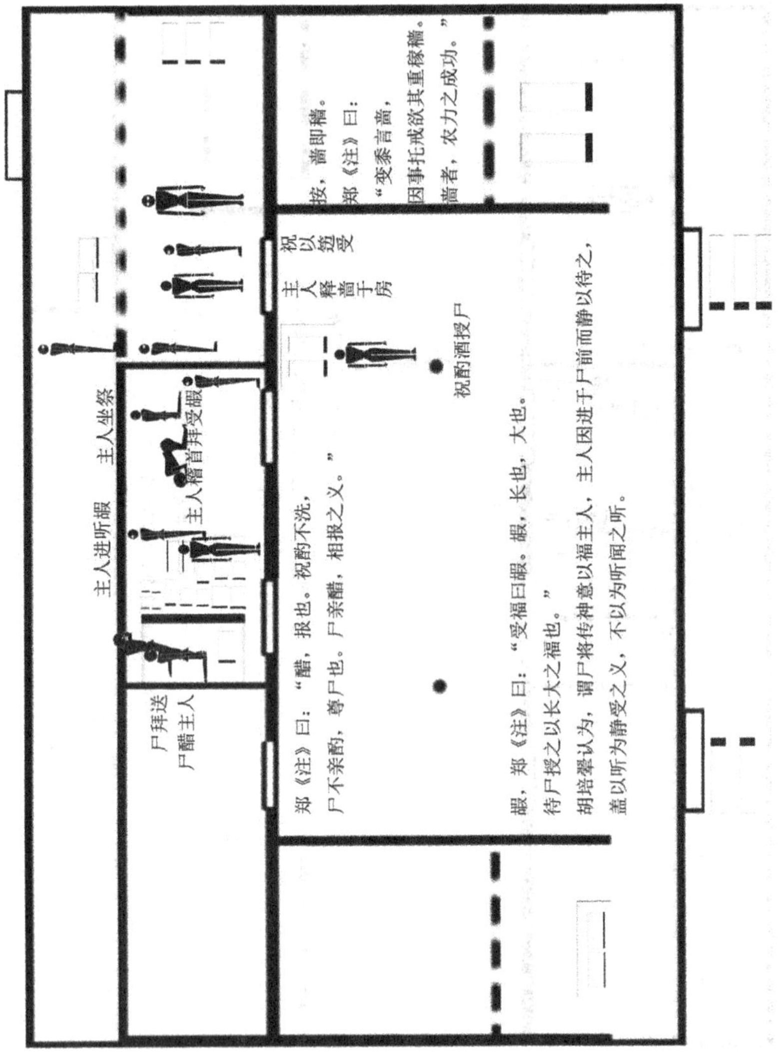
按，啬即穑。
郑《注》曰：
“变黍言啬，
因事托戒欲其重稼穑。
啬者，农力之成功。”
祝以笾受
主人释啬于房
祝酌酒授尸
主人坐祭
主人进听嘏
主人稽首拜受嘏
尸拜送
尸醋主人
郑《注》曰：“醋，报也。祝酌不洗，
尸不亲酌，尊尸也。尸亲醋，相报之义。”
嘏，郑《注》曰：“受福曰嘏。嘏，长也，大也。
待尸授之以长大之福也。”
胡培翚认为，谓尸将传神意以福主人，主人因进于尸前而静以待之，
盖以听为静受之义，不以为听闻之听。

15－9－2　**主人初献图二**

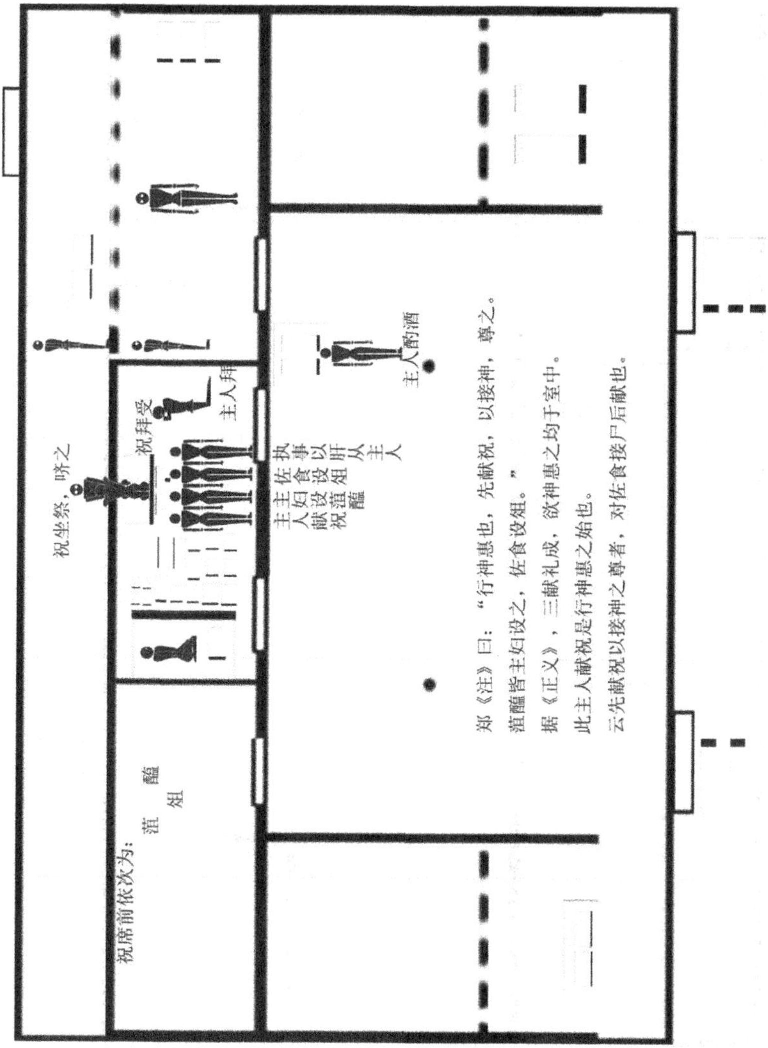
祝坐祭，哜之
祝拜受
主人拜
主人酌酒
主人献祝
主妇设菹醢
佐食设俎
执事以肝从主人
祝席前依次为：
菹
醢
俎
郑《注》曰：“行神惠也，先献祝，以接神，尊之。
菹醢皆主妇设之，佐食设俎。”
据《正义》，三献礼成，欲神惠之均于室中。
此主人献祝是行神惠之始也。
云先献祝以接神之尊者，对佐食接尸后献也。

15－9－3 **主人初献图三**

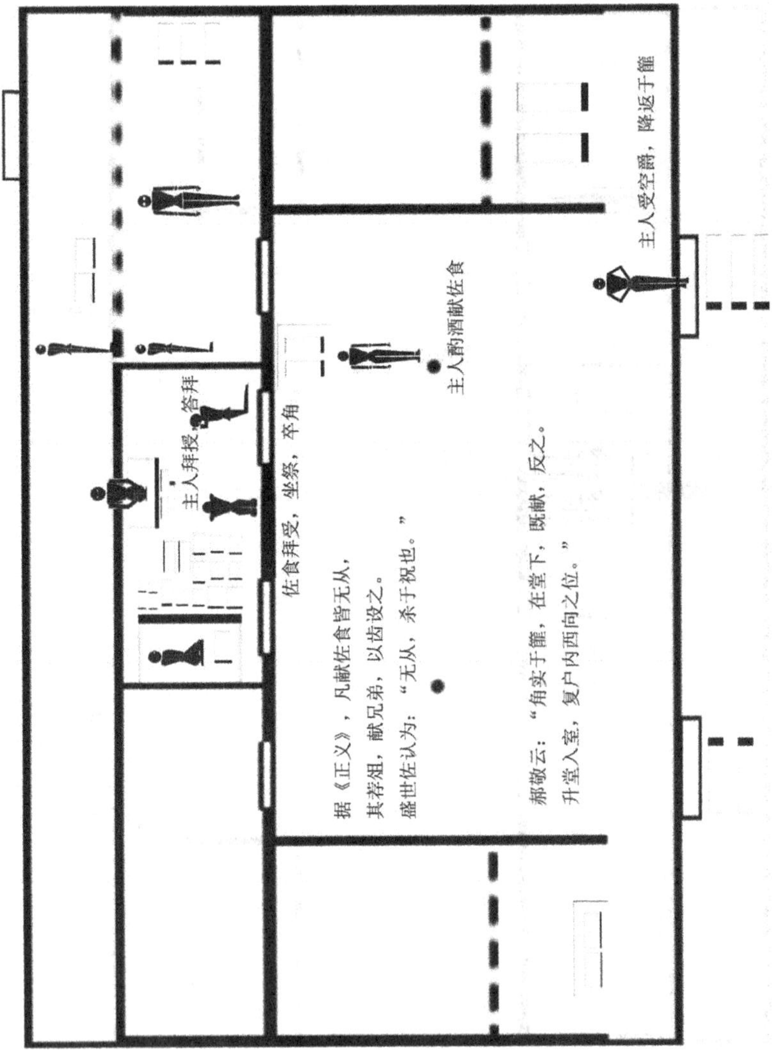
主人受空爵，降返于篚
主人酌酒献佐食
主人拜授，答拜
佐食拜受，坐祭，卒角
据《正义》，凡献佐食皆无从，
其荐俎，献兄弟，以齿设之。
盛世佐认为："无从，杀于祝也。"
郝敬云："角实于篚，在堂下，既献，反之。
升堂入室，复户内西向之位。"

15－9－4 **主人初献图四**

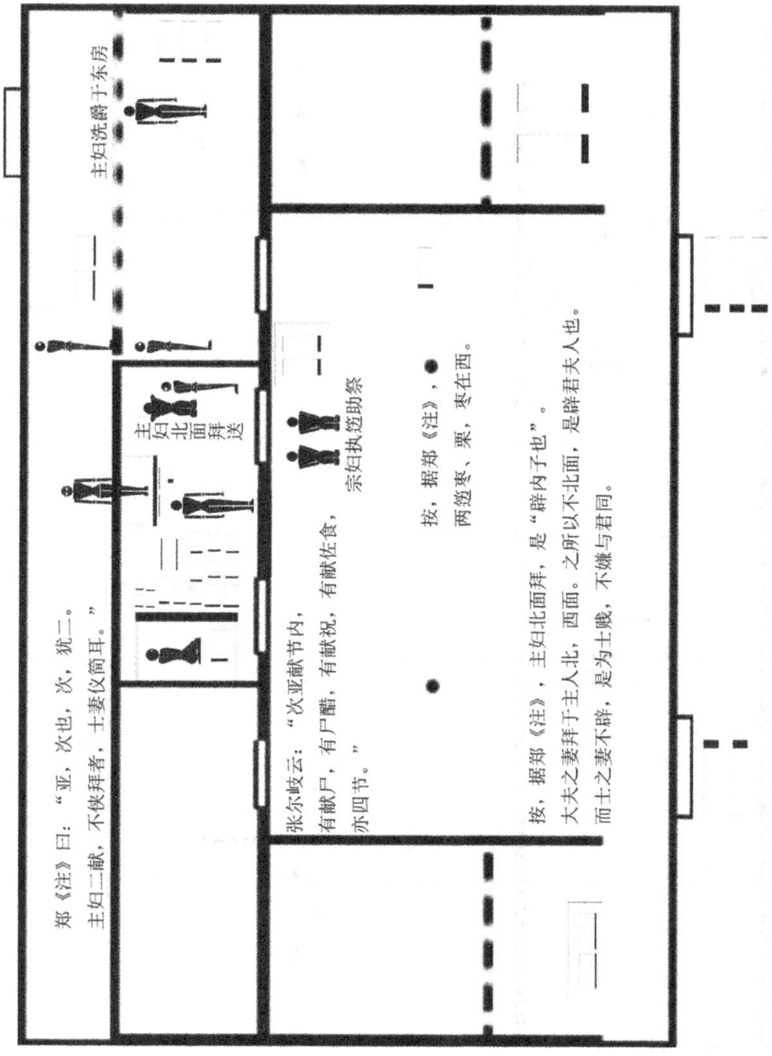

15－10－1　**主妇亚献图一**

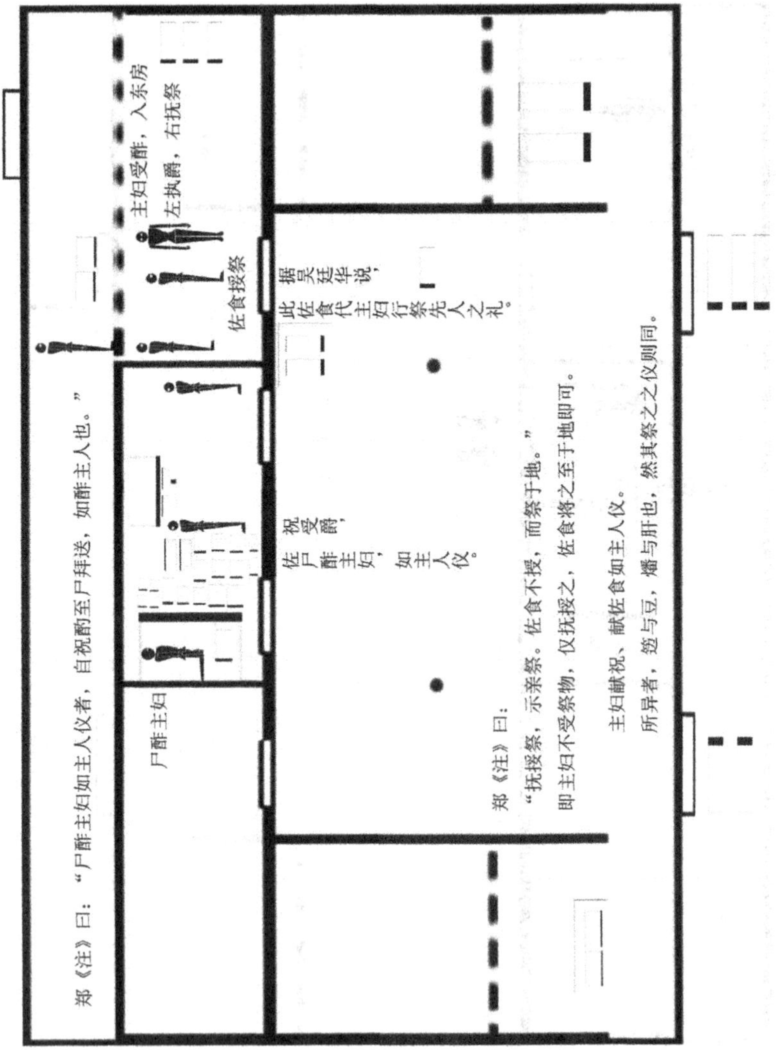

15－10－2　**主妇亚献图二**

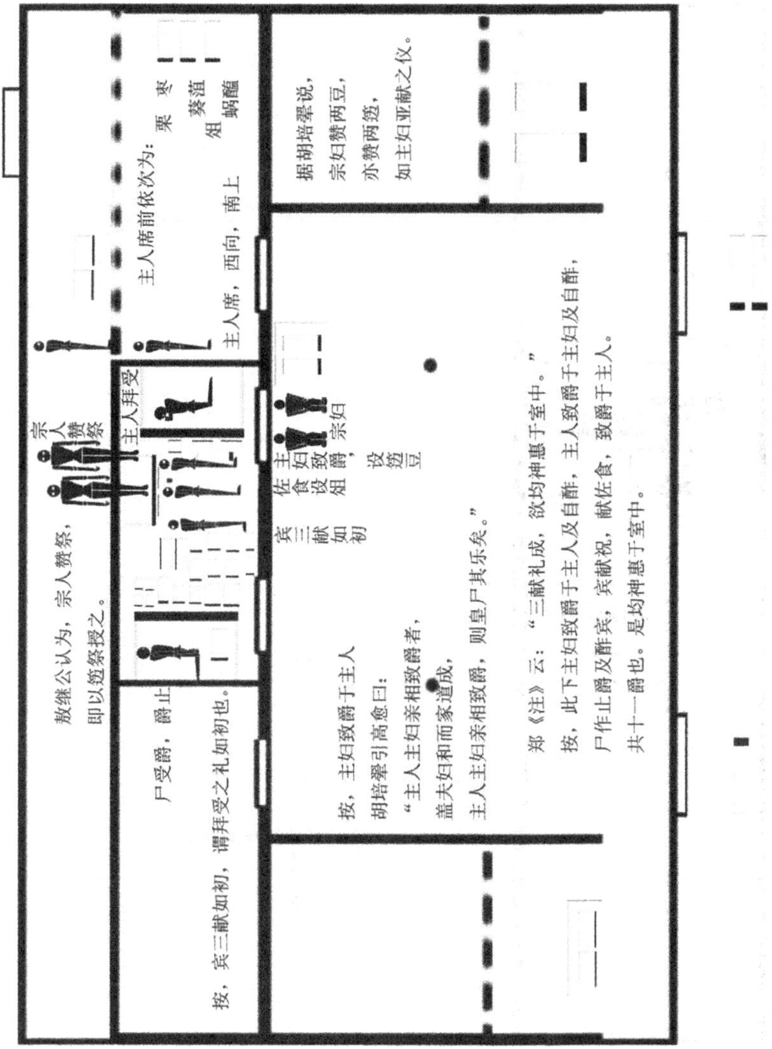
敖继公认为，宗人赞祭，
即以笾祭授之。
宗人赞祭
主人拜受
尸受爵，爵止
按，宾三献如初，谓拜受之礼如初也。
主人席前依次为：
栗 枣
葵菹
俎
蜗醢
主人席，西向，南上
宾三献如初
佐食设俎
主妇致爵，设笾豆
宗妇
据胡培翚说，
宗妇赞两豆，
亦赞两笾，
如主妇亚献之仪。
按，主妇致爵于主人
胡培翚引高愈曰：
“主人主妇亲相致爵者，
盖夫妇和而家道成，
主人主妇亲相致爵，则皇尸其乐矣。”
郑《注》云：“三献礼成，欲均神惠于室中。”
按，此下主妇致爵于主人及自酢，主人致爵于主妇及自酢，
尸作止爵及酢宾，宾献祝，献佐食，致爵于主人。
共十一爵也。是均神惠于室中。

15－11－1 **宾三献图一**

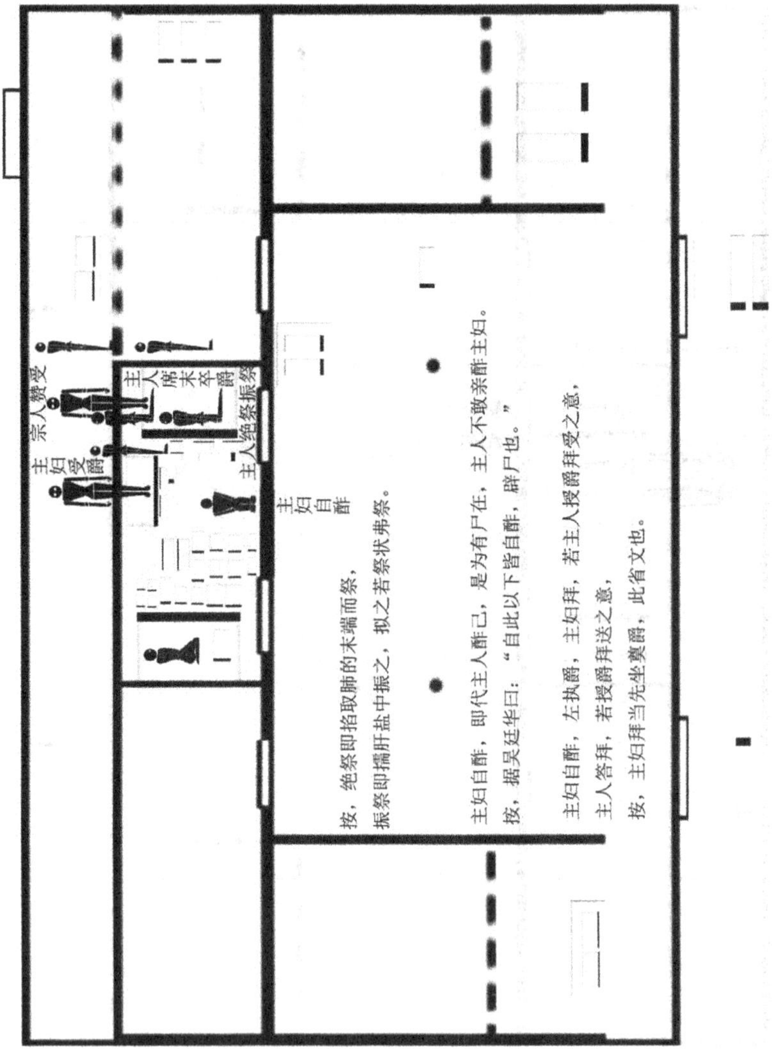
宗人赞受
主妇受爵
主人席末卒爵
主人绝祭振祭
主妇自酢
按，绝祭即掐取肺的末端而祭，
振祭即擩肝盐中振之，拟之若祭状弗祭。
主妇自酢，即代主人酢已，是为有尸在，主人不敢亲酢主妇。
按，据吴廷华曰："自此以下皆自酢，辟尸也。"
主妇自酢，左执爵，主妇拜，若主人授爵拜受之意，
主人答拜，若授爵拜送之意，
按，主妇拜当先坐奠爵，此省文也。

15－11－2　**宾三献图二**

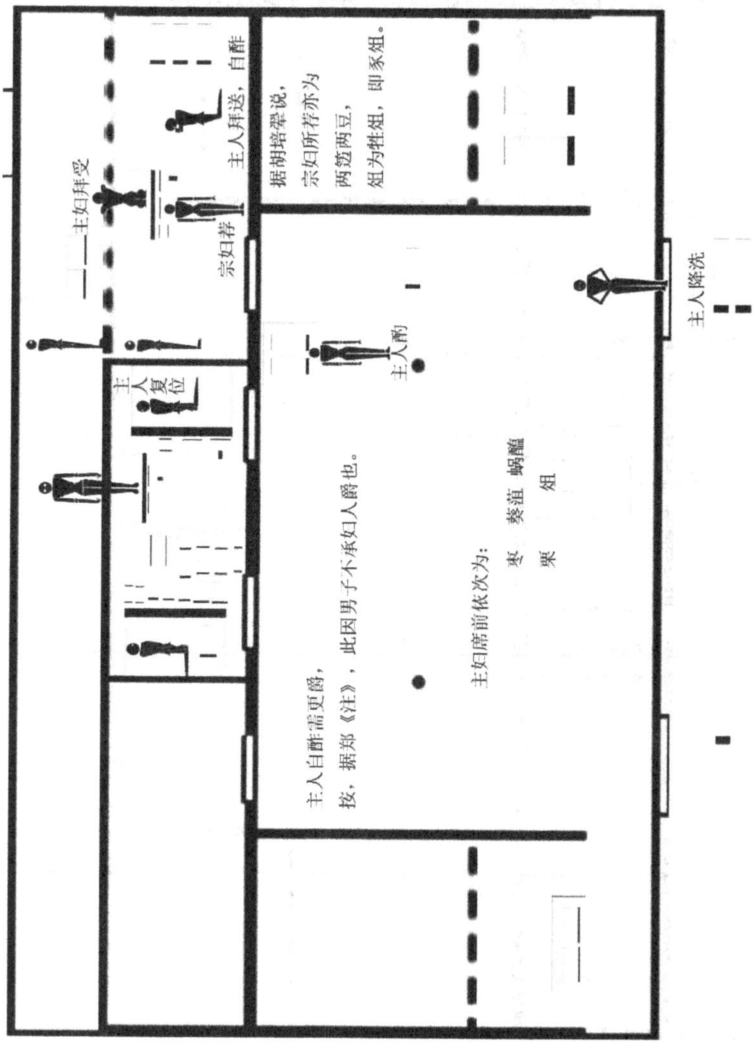
主妇拜受
主人拜送，自酢
宗妇荐
据胡培翚说，
宗妇所荐亦为
两笾两豆，
俎为牲俎，即豕俎。
主人降洗
主人酌
主人复位
主人自酢需更爵，
按，据郑《注》，此因男子不承妇人爵也。
主妇席前依次为：
枣　葵菹　蜗醢
栗　俎

15－11－3　**宾三献图三**

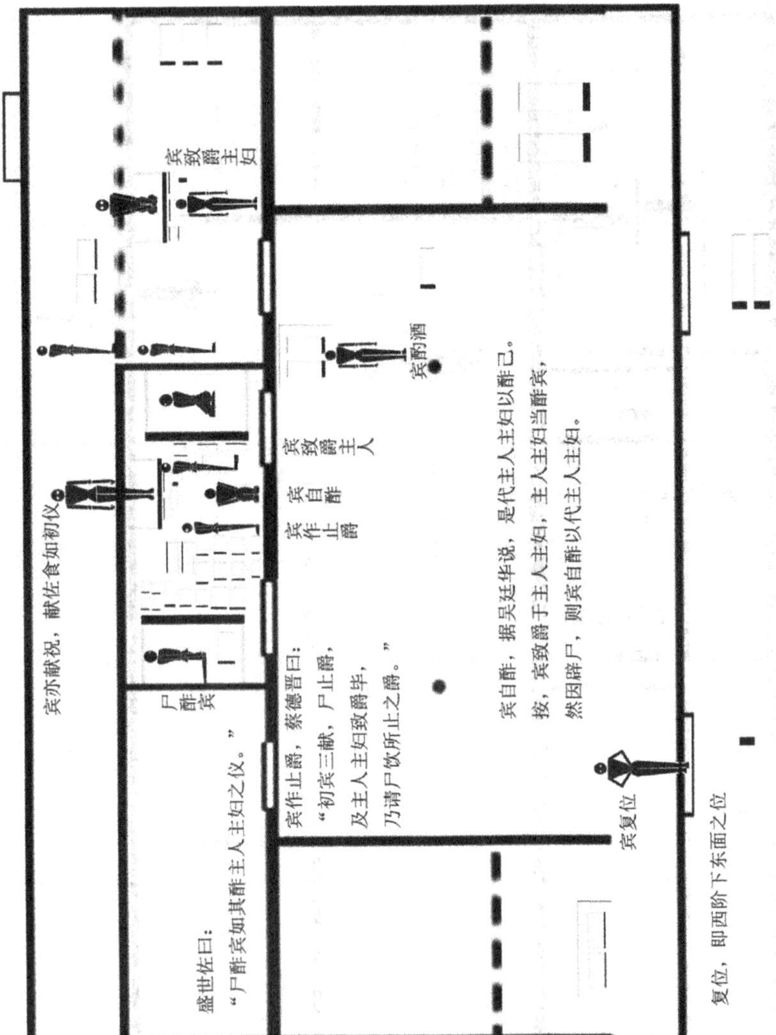
宾致爵主妇
宾亦献祝，献佐食如初仪
尸酢宾
宾作止爵
宾自酢
宾致爵主人
宾酌酒
盛世佐曰：
“尸酢宾如其酢主人主妇之仪。”
宾作止爵，蔡德晋曰：
“初宾三献，尸止爵，
及主人主妇致爵毕，
乃请尸饮所止之爵。”
宾自酢，据吴廷华说，是代主人主妇以酢己。
按，宾致爵于主人主妇，主人主妇当酢宾，
然因辟尸，则宾自酢以代主人主妇。
宾复位
复位，即西阶下东面之位

15－11－4　**宾三献图四**

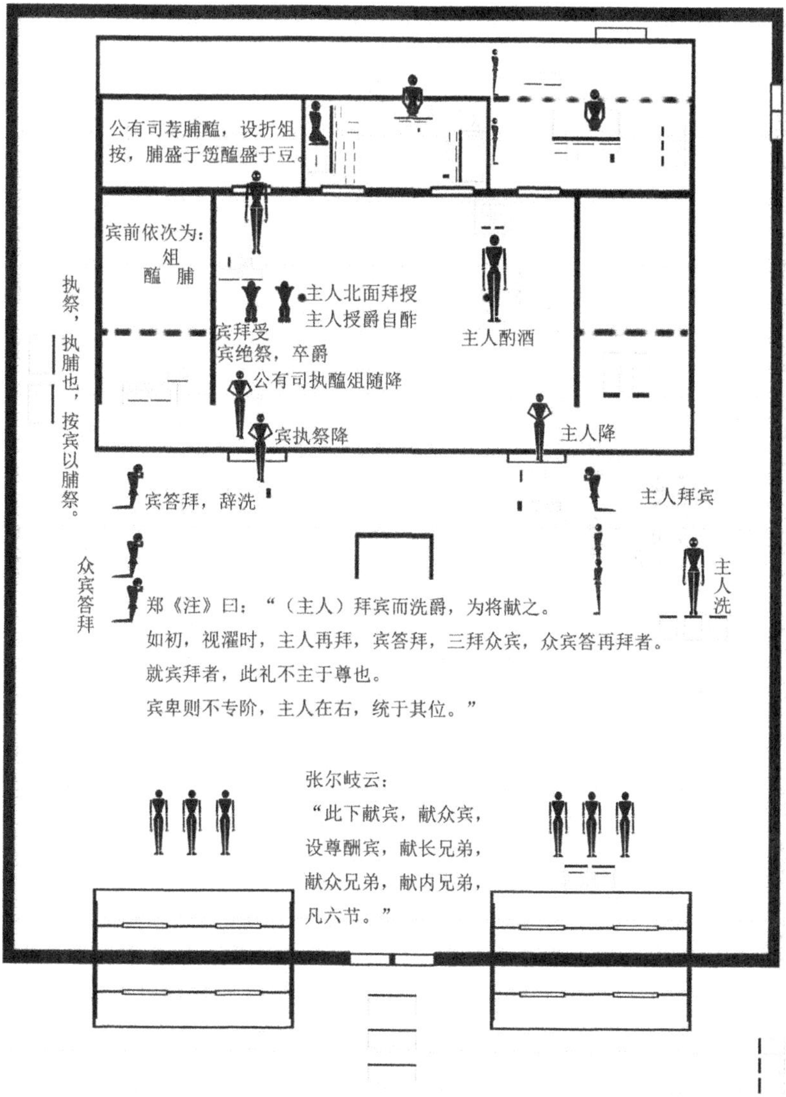

15－12－1 **献宾与兄弟图一**

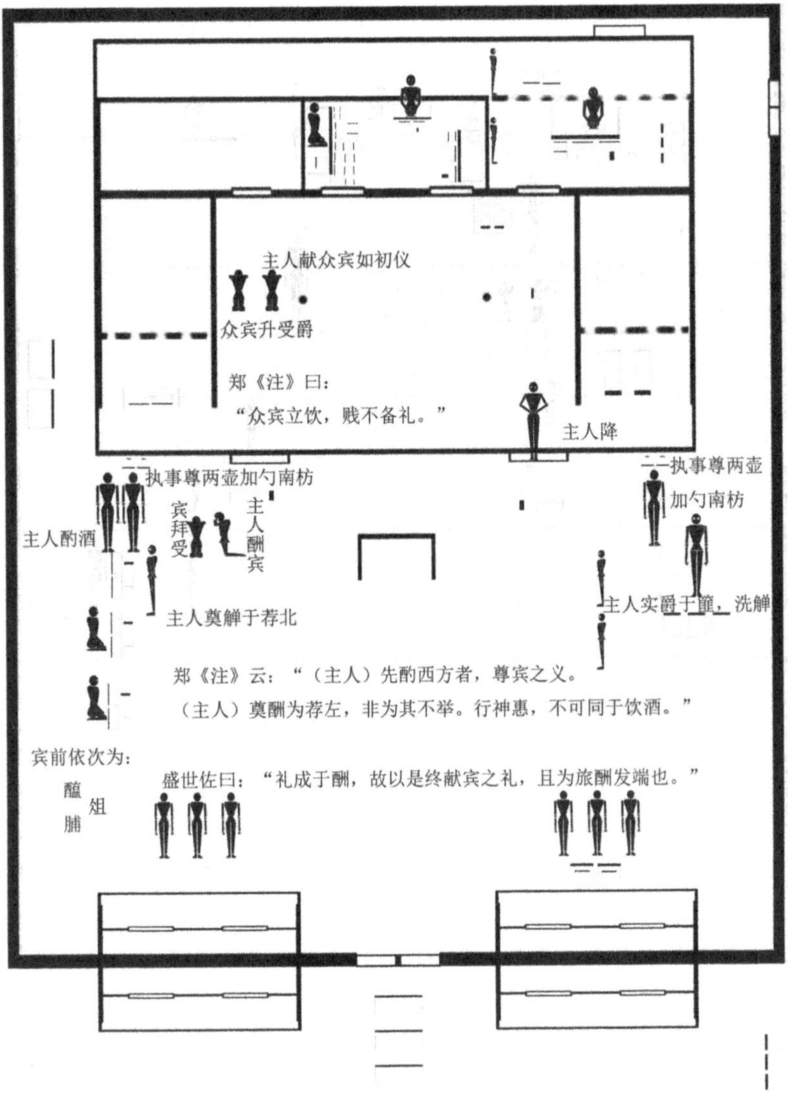

15－12－2　**献宾与兄弟图二**

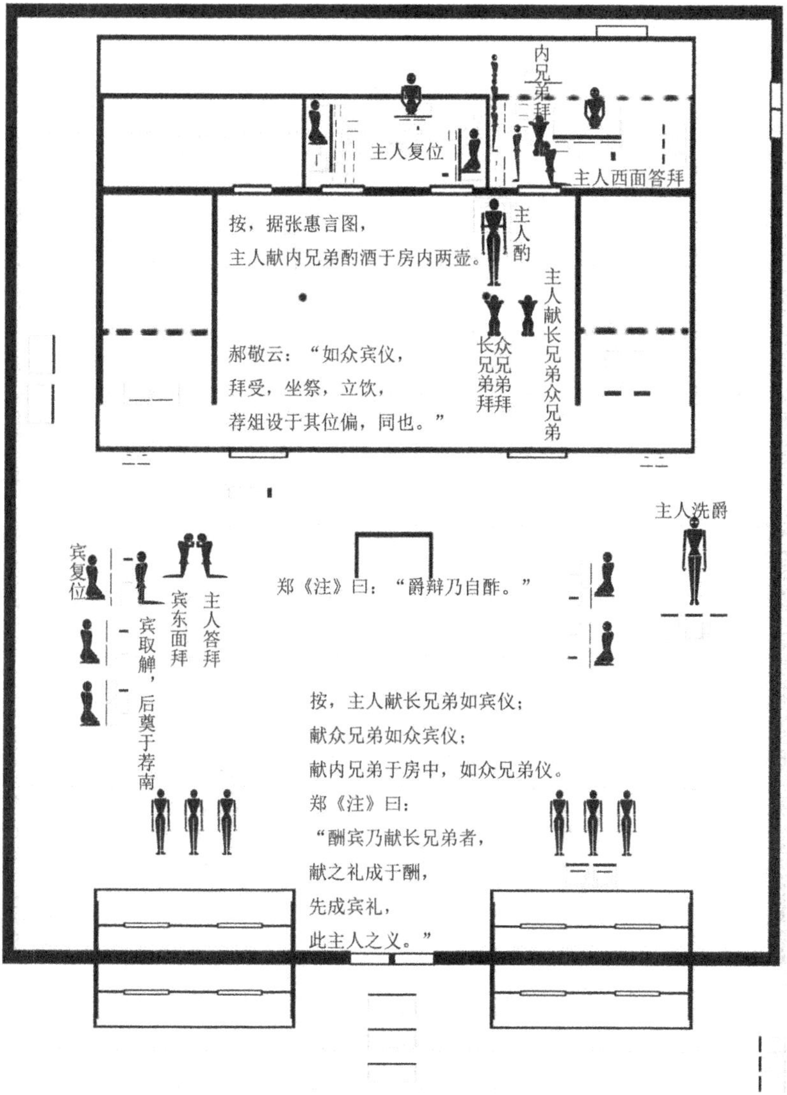

15－12－3 **献宾与兄弟图三**

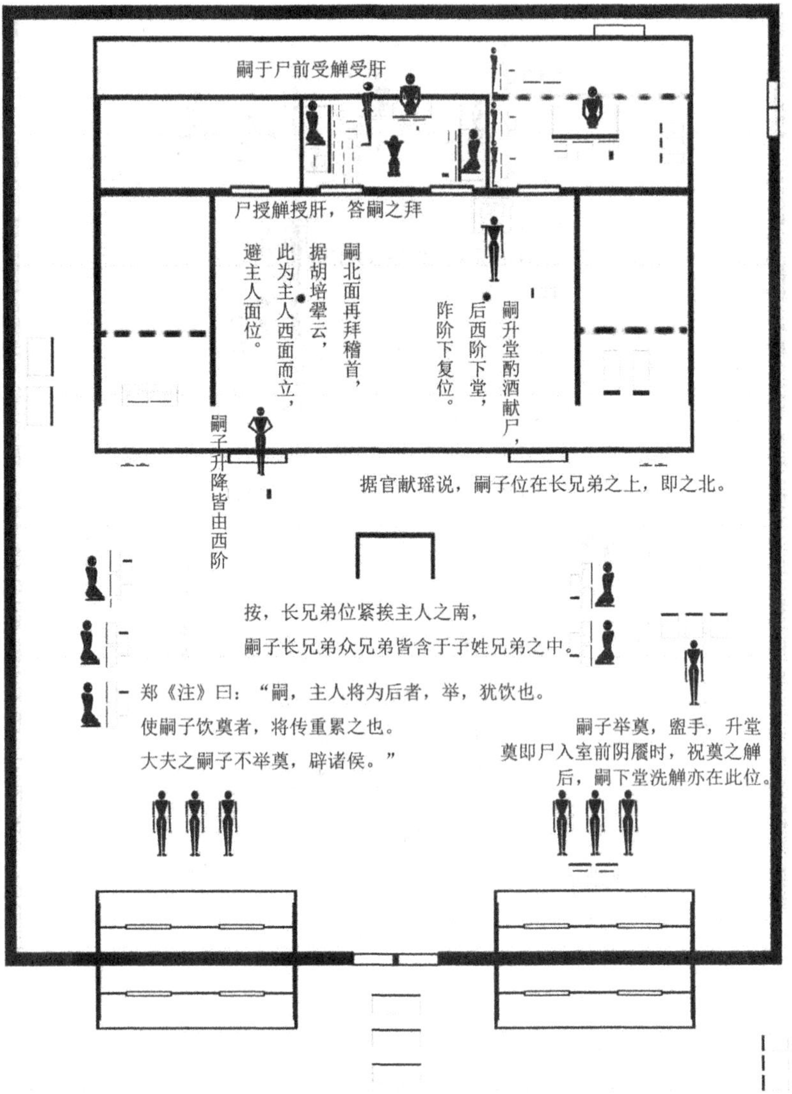

15－15－1　**嗣举奠献尸图**

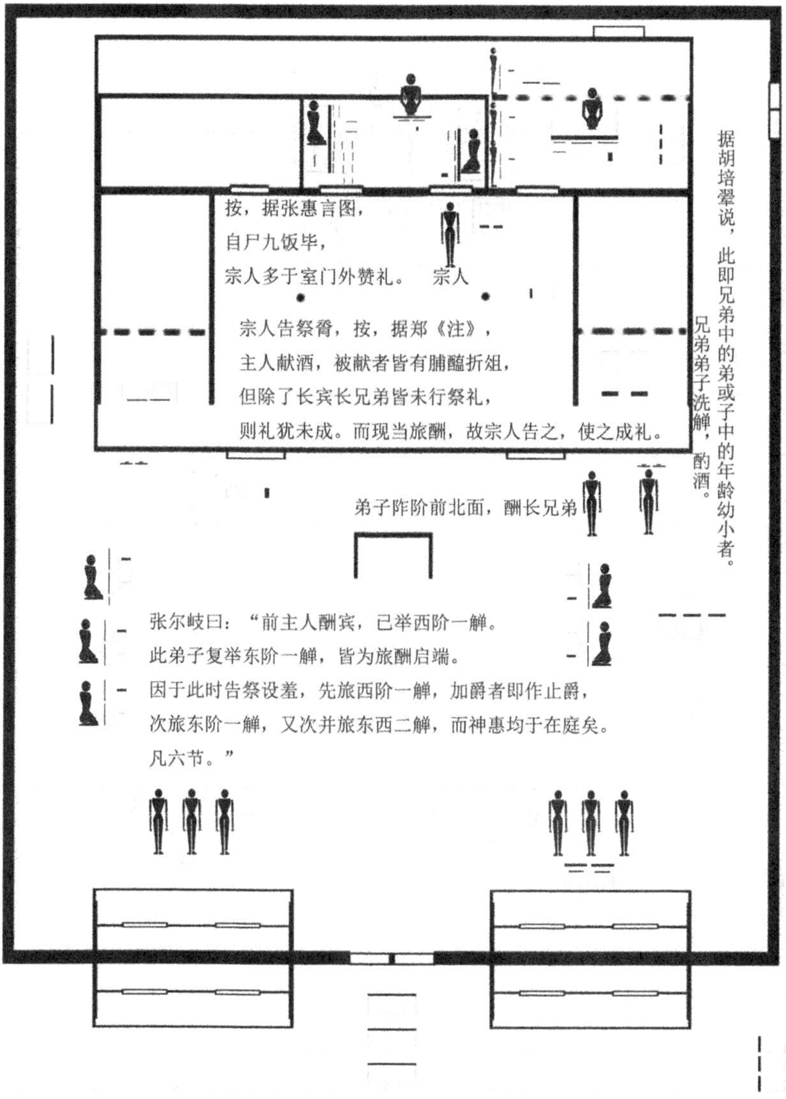
据胡培翚说，此即兄弟中的弟或子中的年龄幼小者。
兄弟弟子洗觯，酌酒。
按，据张惠言图，
自尸九饭毕，
宗人多于室门外赞礼。
宗人
宗人告祭脀，按，据郑《注》，
主人献酒，被献者皆有脯醢折俎，
但除了长宾长兄弟皆未行祭礼，
则礼犹未成。而现当旅酬，故宗人告之，使之成礼。
弟子阼阶前北面，酬长兄弟
张尔岐曰：“前主人酬宾，已举西阶一觯。
此弟子复举东阶一觯，皆为旅酬启端。
因于此时告祭设羞，先旅西阶一觯，加爵者即作止爵，
次旅东阶一觯，又次并旅东西二觯，而神惠均于在庭矣。
凡六节。”

15－16－1 **旅酬图一**

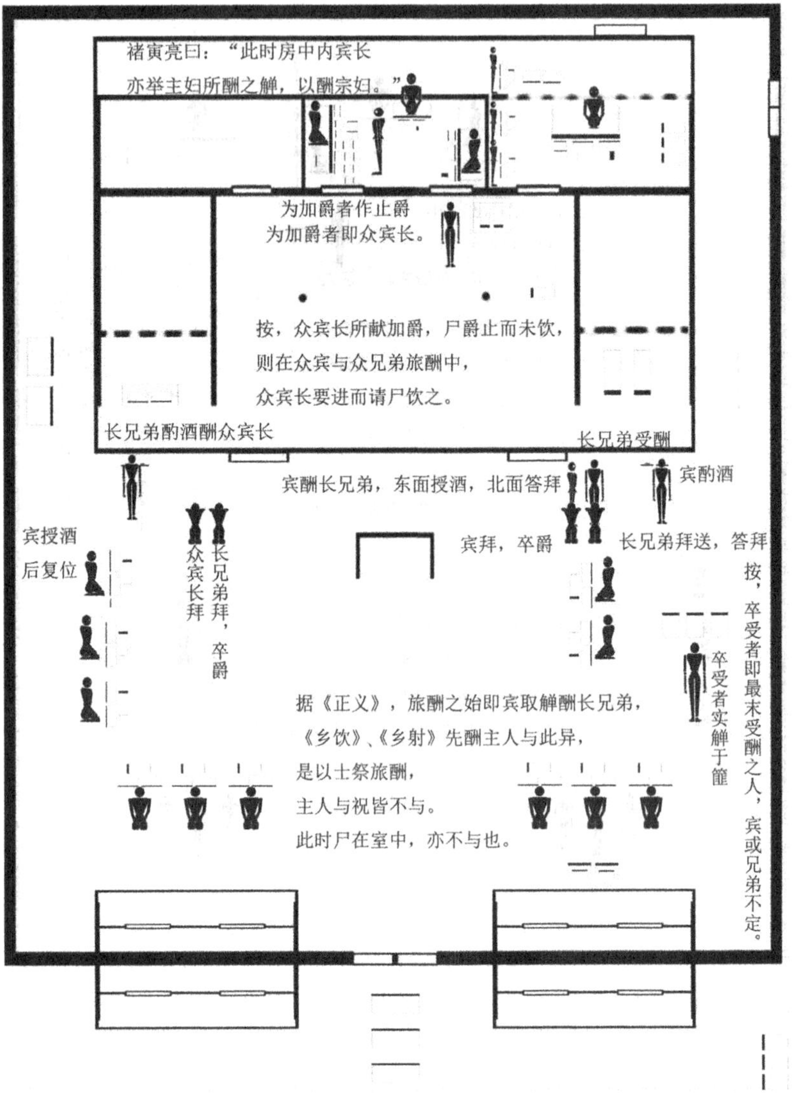
褚寅亮曰："此时房中内宾长
亦举主妇所酬之觯，以酬宗妇。"
为加爵者作止爵
为加爵者即众宾长。
按，众宾长所献加爵，尸爵止而未饮，
则在众宾与众兄弟旅酬中，
众宾长要进而请尸饮之。
长兄弟酌酒酬众宾长
长兄弟受酬
宾酬长兄弟，东面授酒，北面答拜
宾酌酒
宾授酒
后复位
众宾长拜
长兄弟拜，卒爵
宾拜，卒爵
长兄弟拜送，答拜
按，卒受者即最末受酬之人，宾或兄弟不定。
卒受者实觯于篚
据《正义》，旅酬之始即宾取觯酬长兄弟，
《乡饮》、《乡射》先酬主人与此异，
是以士祭旅酬，
主人与祝皆不与。
此时尸在室中，亦不与也。

15－16－2　**旅酬图二**

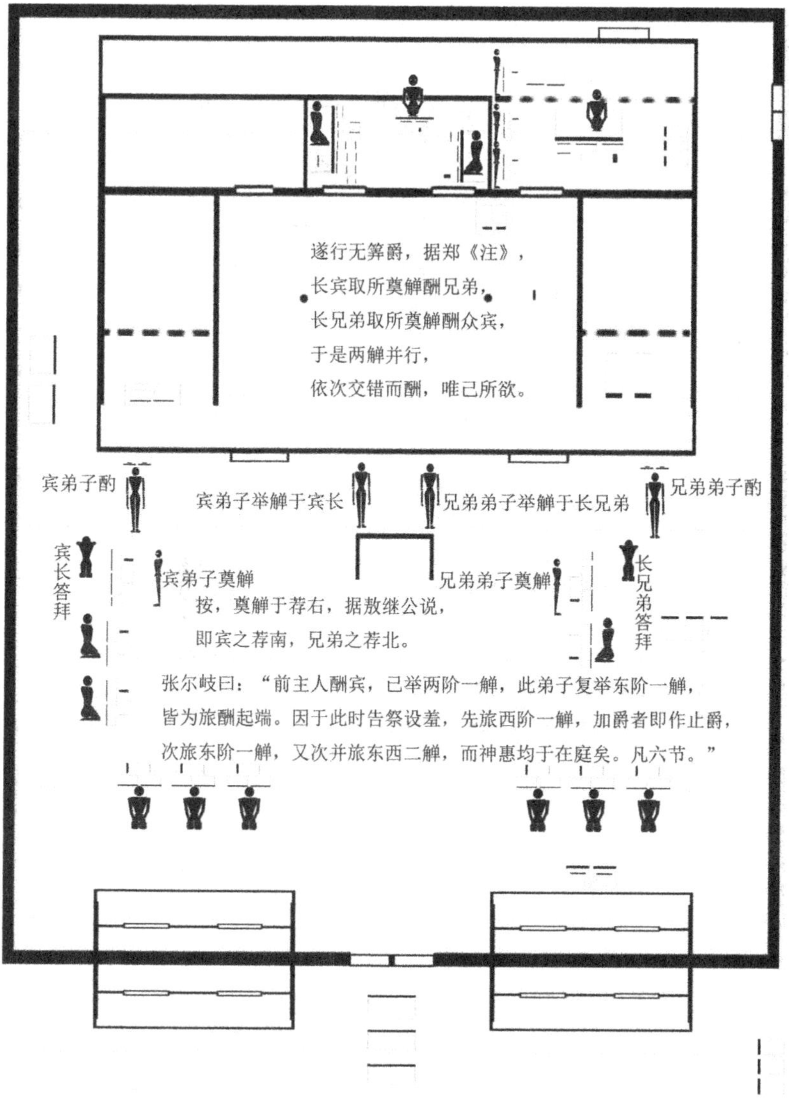
遂行无筭爵，据郑《注》，
长宾取所奠觯酬兄弟，
长兄弟取所奠觯酬众宾，
于是两觯并行，
依次交错而酬，唯己所欲。
宾弟子酌
宾弟子举觯于宾长
兄弟弟子举觯于长兄弟
兄弟弟子酌
宾长答拜
宾弟子奠觯
兄弟弟子奠觯
长兄弟答拜
按，奠觯于荐右，据敖继公说，
即宾之荐南，兄弟之荐北。
张尔岐曰：“前主人酬宾，已举两阶一觯，此弟子复举东阶一觯，
皆为旅酬起端。因于此时告祭设羞，先旅西阶一觯，加爵者即作止爵，
次旅东阶一觯，又次并旅东西二觯，而神惠均于在庭矣。凡六节。”

15－17－1 **佐食献尸图**

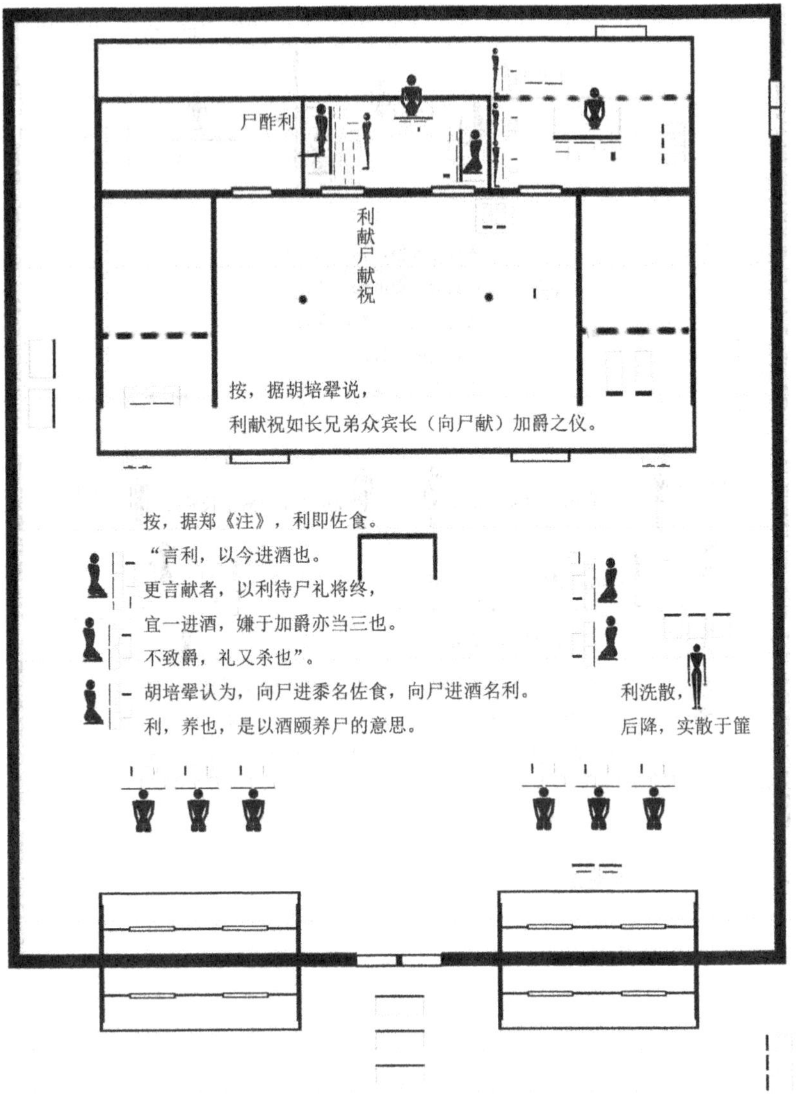

15－18－1　**尸出归尸俎彻庶羞图**

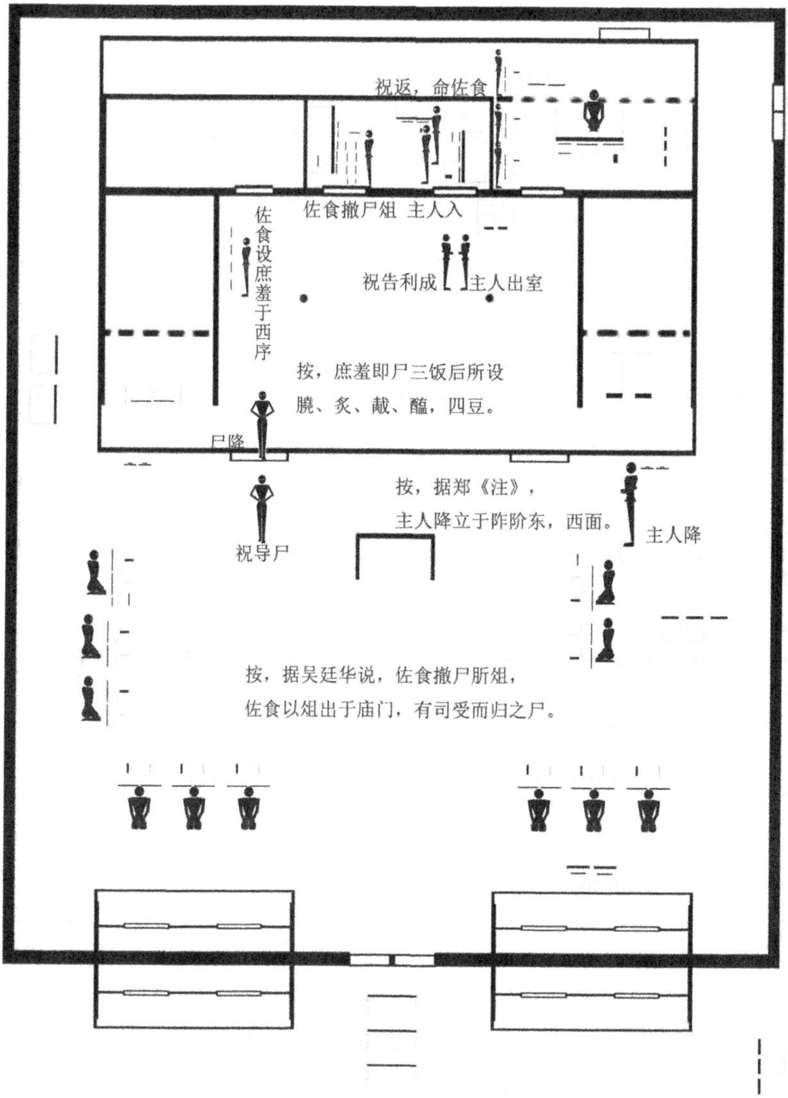

15－19－1 **嗣子长兄弟馂图**

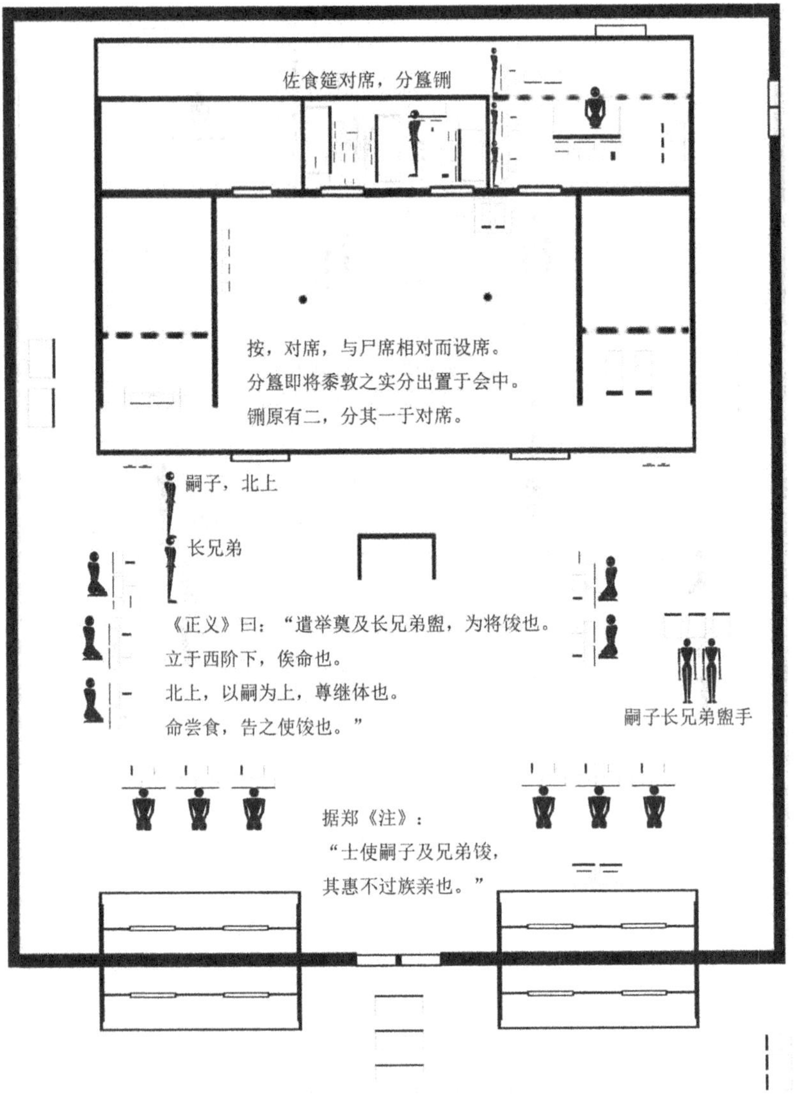

15－20－1　**改馔阳厌图一**

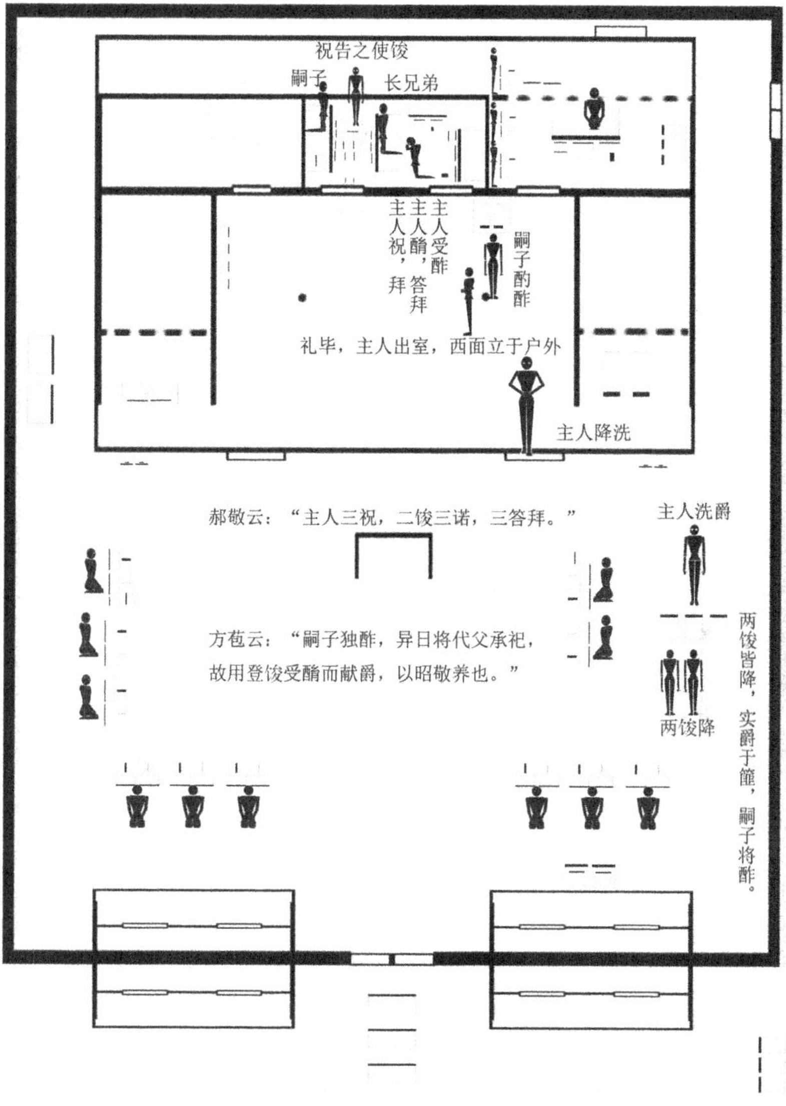

15－20－2 **改馔阳厌图二**

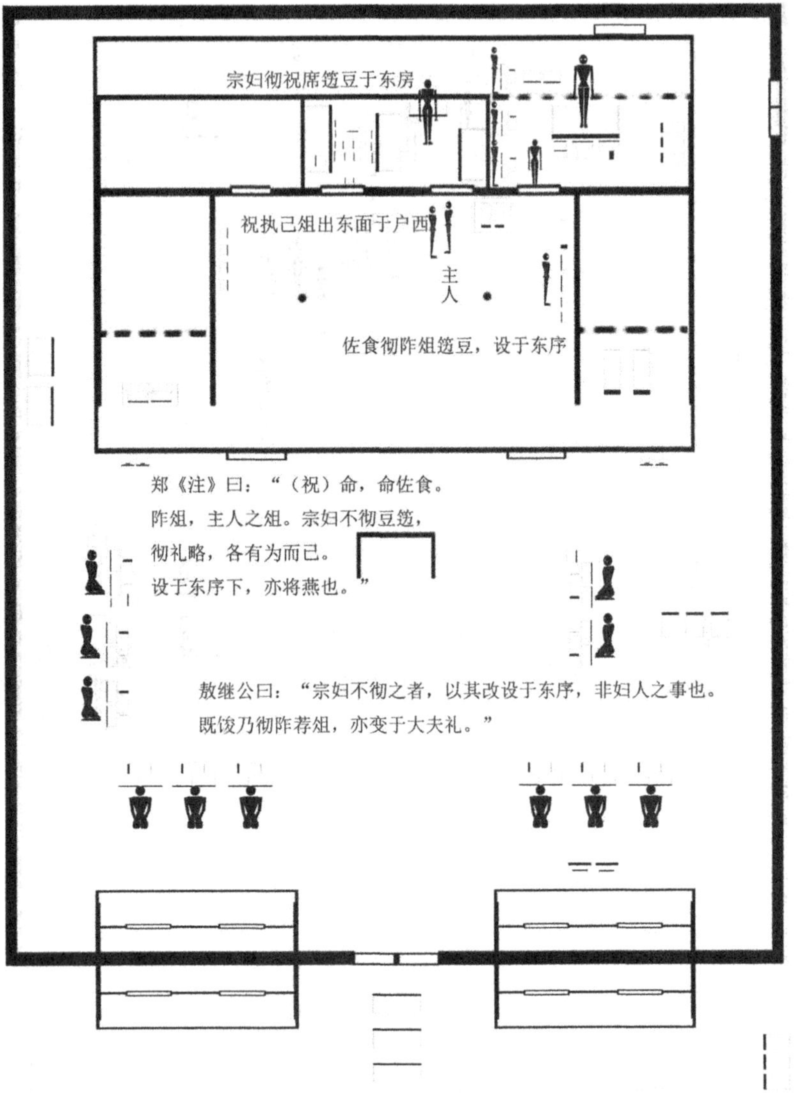

15－21－1　**礼毕宾出图一**

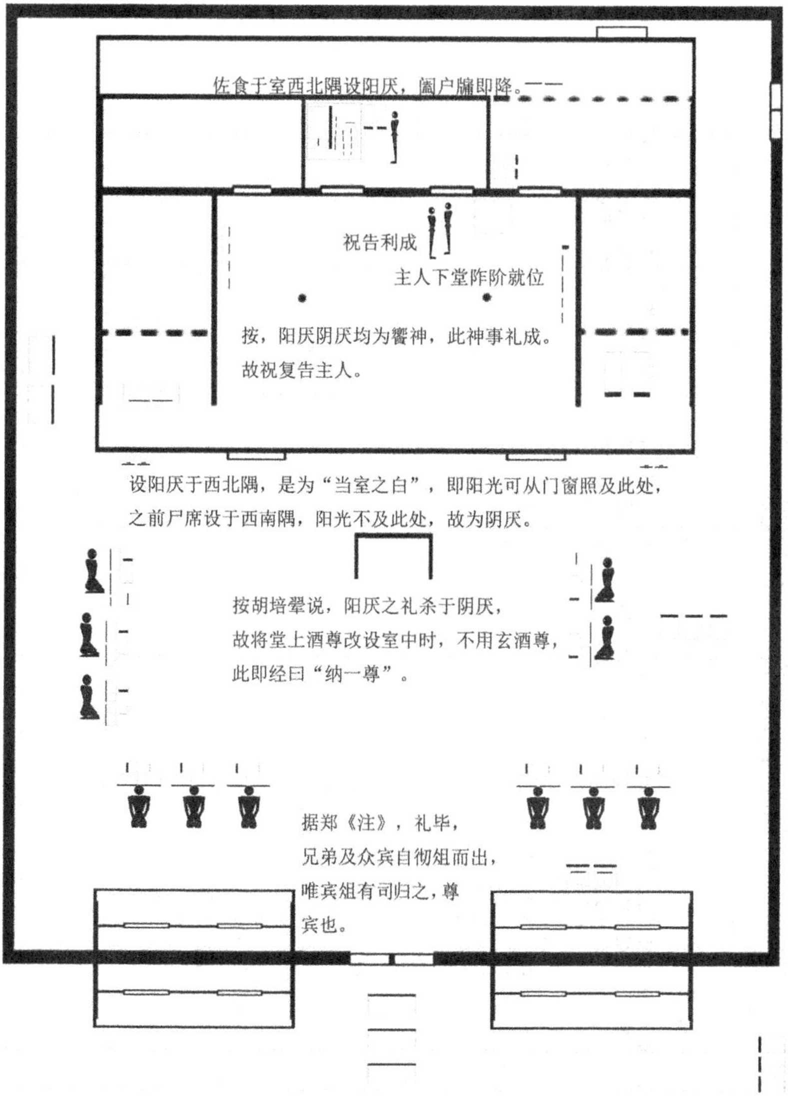

15－21－2　**礼毕宾出图二**

特牲馈食礼人物行事一览表

特牲馈食礼第十五																					
	一、礼前准备					二、正礼													三、祭后礼事		
	1 筮日	2 筮尸	3 宿尸	4 宿宾	5 视涤视牲	6 祭日陈设及位次	7 阴厌	8 尸入九饭	9 主人初献	10 主妇亚献	11 宾三献	12 献宾与兄弟	13 长兄弟为加爵	14 众宾长加爵	15 嗣举奠献尸	16 旅酬	17 佐食献尸	18 尸出归尸俎彻庶羞	19 嗣子长兄弟馂	20 改馔阳厌	21 礼毕宾出
主人	即位	即位	入，即位，拜	拜	即位，拜宾，揖入，出庙，视涤、视牲，为期	即位，视杀，拜宾，揖入	升，抬鼎，归位，拜	下堂，从尸入，拜尸安坐，侑尸	献尸，受酢，受啬，献祝、佐食		受酒，献主妇，自酢	献宾、兄弟、内兄弟，自酢	致主妇						出，复位	致辞，拜，献嗣子、长兄弟，受酢，出室	送宾
子姓	即位	即位	即位		即位，入	即位，入									嗣子献尸，受肝					升席，诺，拜，食，酢主人	
	据郑《注》，此为所祭者的子孙们。																				
兄弟	即位	即位	即位		即位，入	即位，入				兄弟长进俎		众兄弟受酒	长兄弟献尸			弟子酬长兄弟，长兄弟酬宾	弟子洗爵，酬长兄弟，众兄弟旅酬			长兄弟升席，诺，拜，食	
	据李如圭云：“兄弟犹言族亲。”																				

续表

特牲馈食礼第十五																					
	一、礼前准备					二、正礼													三、祭后礼事		
	1 筮日	2 筮尸	3 宿尸	4 宿宾	5 视涤视牲	6 祭日陈设及位次	7 阴厌	8 尸入九饭	9 主人初献	10 主妇亚献	11 宾三献	12 献宾与兄弟	13 长兄弟为加爵	14 众宾长加爵	15 嗣举奠献尸	16 旅酬	17 佐食献尸	18 尸出归尸俎彻庶羞	19 嗣子长兄弟馂	20 改馔阳厌	21 礼毕宾出
宾				拜，承命	即位，拜，入，出庙	即位，拜，入	抬鼎				献尸，受酒，献祝、佐食、主人、主妇、自酢	辞洗，受酒				酬长兄弟					出庙
	据张尔岐云，此宾为主人从属吏中选出，以便祭祀时向尸献酒。																				
众宾					即位，拜，入	即位，拜，入			宾长献俎			受酒		众宾长献尸			弟子洗爵，酬长兄弟，众宾旅酬				出
	宾有宾长，宾长为古代祭祀时辅佐贤宾的次等客人。夏炘在《学礼管释》中认为：“《特牲》之尸，即《乡饮》之宾，宾长即《乡饮》之介。”																				
尸			拜，承命					入庙盥手即位，安坐，入九饭	受酒，祭、哜，酢主人	受酒，酢主妇宗妇赞主妇	受酒，酢宾		受酒	受酒	受酒，授肝			酢佐食			
	活人而代死者受祭者。郑《注》曰：“尸，主也。孝子之祭不见亲之形象，心无所系，立尸而主意焉。”																				

续表

特牲馈食礼第十五																					
	一、礼前准备					二、正礼												三、祭后礼事			
	1 筮日	2 筮尸	3 宿尸	4 宿宾	5 视涤视牲	6 祭日陈设及位次	7 阴厌	8 尸入九饭	9 主人初献	10 主妇亚献	11 宾三献	12 献宾与兄弟	13 长兄弟为加爵	14 众宾长加爵	15 嗣举奠献尸	16 旅酬	17 佐食献尸	18 尸出归尸俎彻庶羞	19 嗣子长兄弟馂	20 改馔阳厌	21 礼毕宾出
佐食＼利							抬鼎，启敦执事抬鼎，取牲	助祭	为主人助祭，捏饭成团授与祝，受酒	助祭，受酒	受酒							献尸、祝	彻俎，庶羞，赞礼	分食，命嗣子长兄弟馂	彻俎，尸席改设，阖户牖
	由宾执事者（即宾客来帮助人行礼事的人）担任，帮助尸用餐。按，佐食又称为利，向尸进黍名为佐食，向尸进酒则变名为利。利者，养也，是以酒养尸的意思。																				
宰	赞命	赞命																		赞主人洗爵	
	任职于士的家臣，有佐家主行礼事或为家主掌管财物收藏的职责（详见《仪礼释官》卷一）。																				
宗人	告事毕	告事毕	为摈者，向祝致辞	致辞	视涤，视牲，告具，请期，告事毕	告具	命佐食执事出庙	取巾，授巾			助祭					告祭				使盥手	告事毕
	任职于士的家臣，为掌宗室礼仪者，主要负责佐主人行礼事（详见《仪礼释官》卷一）。																				

续表

特牲馈食礼第十五																					
	一、礼前准备					二、正礼													三、祭后礼事		
	1 筮日	2 筮尸	3 宿尸	4 宿宾	5 视涤视牲	6 祭日陈设及位次	7 阴厌	8 尸入九饭	9 主人初献	10 主妇亚献	11 宾三献	12 献宾与兄弟	13 长兄弟为加爵	14 众宾长加爵	15 嗣举奠献尸	16 旅酬	17 佐食献尸	18 尸出归尸俎彻庶羞	19 嗣子长兄弟馂	20 改馔阳厌	21 礼毕宾出
祝			听宗人，向尸转述			布席，设几	入室，酌酒，奠觯，命佐食启敦，祝告	迎尸、升尸、导尸，告，命佐食堕祭、侑尸	受空角，酌酒授尸，授尸嘏，受主人嘏，受酒	取枣授尸，助祭，受空爵，受酒	受酒								告利成，导尸、送尸出庙，上堂归位，命佐食彻		命彻俎，取祝俎出室，告利成
	任职于士的家臣，主要负责为家主祝告，亦会于礼事中佐家主行礼事（详见《仪礼释官》卷一）。据《记文》，佐食无事则立于中庭北面，若有事则由祝呼唤佐食，佐食听到后即许诺。																				
筮人	占筮	占筮																			
	任职于士的家臣，主要负责为家主占筮（详见《仪礼释官》卷一）。																				
卦者	记卦	记卦																			
	筮人之属，主要负责在筮人占筮时协助其记卦（详见《仪礼释官》卷一）。																				
雍正					鞭豕																
	雍人是任职于士，负责为主人掌管祭祀所用牲肉的家臣（参见《仪礼释官》卷六），雍正为其长。雍正主要负责在宗人查看祭祀用的猪的时候，对猪进行鞭打使猪翻滚，表示猪很健康。																				

续表

特牲馈食礼第十五																					
	一、礼前准备					二、正礼													三、祭后礼事		
	1 筮日	2 筮尸	3 宿尸	4 宿宾	5 视涤视牲	6 祭日陈设及位次	7 阴厌	8 尸入九饭	9 主人初献	10 主妇亚献	11 宾三献	12 献宾与兄弟	13 长兄弟为加爵	14 众宾长加爵	15 嗣举奠献尸	16 旅酬	17 佐食献尸	18 尸出归尸俎彻庶羞	19 嗣子长兄弟馂	20 改馔阳厌	21 礼毕宾出
有司					陈设	陈设，即位	进俎，右人抽杠，赞者取俎加匕	捧椠、匜，浇水，执巾	布席，进菹、醢、俎		布席，设俎	设壶，公有司进脯醢，设折俎				进镬				设对席	彻
	官吏等有执事者的通称（参见《仪礼释官》卷一）。郑玄与贾公彦等礼家皆认为士之有司多为庶人事于官者担任。本章中有司包括公有司与私臣。据胡匡衷说，这是因为士的私臣较少，不足以供祭祀事，士之僚友当前来助祭，因其与主人一样受命于君，故称其为公有司。																				
主妇						视爨，即位	盥手，进菹醢等			献尸，设笾，受酢，献祝、佐食	献主人，自酢，受酒		致主人						出		
宗妇											赞主妇，为主妇进两豆等	受酒									彻
	据蔡德晋说，是“同宗之妇”，前来助祭。																				
附注[1]	1178—1179	1179	1179—1180	1180		1180—1181	1181	1183—1184	1184—1185	1185	1185—1186	1186—1187	1187		1189	1189—1190	1190			1191	

〔1〕由于附表内容较为琐碎，故将其文献出处以附注的形式于每个表格下标示出来。如“1178—1179”，指的是本小节内容详见阮元校刻《十三经注疏》，中华书局影印，1980年，第1178—1179页。以下人物行事一览表与此相同，不再复述。

特牲馈食礼所涉礼例一览表

			主要礼例							
			通例上第一	通例下第二	饮食之例上第三	饮食之例中第四	饮食之例下第五	祭例上第九	祭例下第十	杂例第十三
特牲馈食礼第十五	一、礼前准备	1 筮日		2-2 2-6						13-12 13-13
		2 筮尸		2-2 2-6						13-12 13-13
		3 宿尸	1-8 1-13 1-14 1-18	2-6 2-8						
		4 宿宾	1-1 1-8 1-14	2-6 2-8						
		5 视涤视牲	1-8 1-14 1-17	2-6			5-13 5-14 5-16 5-17			
	二、特牲馈食礼正礼	6 祭日陈设及位次	1-1 1-3 1-7 1-17	2-6 2-14 2-15 2-16 2-19 2-20 2-21			5-12 5-13 5-14 5-16 5-17			
		7 阴厌	1-7 1-9 1-14	2-6 2-10		4-13		9-4 9-8	10-7	
		8 尸入九饭	1-7 1-9 1-14	2-2 2-4 2-6 2-10	3-7 3-10 3-11 3-14	4-18	5-5 5-6 5-7 5-8 5-9	9-1 9-2 9-3 9-5 9-6 9-14	10-7 10-14 10-15	
		9 主人初献	1-7 1-9 1-14	2-2 2-4 2-6	3-1 3-2 3-6 3-7 3-10 3-11 3-12 3-14 3-18	4-10 4-18	5-5 5-6 5-7 5-8 5-9	9-7 9-10 9-11 9-12	10-14 10-15	13-16

续表

			主要礼例							
			通例上第一	通例下第二	饮食之例上第三	饮食之例中第四	饮食之例下第五	祭例上第九	祭例下第十	杂例第十三
特牲馈食礼第十五	二、特牲馈食礼正礼	10 主妇亚献	1–7 1–9 1–14 1–15 1–16	2–2 2–4 2–6	3–1 3–2 3–6 3–7 3–10 3–11 3–12 3–14 3–18	4–10 4–18	5–5 5–6 5–7 5–8 5–9 5–11	9–7 9–10 9–11 9–12	10–7 10–14 10–15	13–16
		11 宾三献	1–7 1–9 1–14 1–15 1–16	2–6	3–1 3–2 3–6 3–7 3–10 3–11 3–12 3–14 3–18	4–10 4–18	5–5 5–6 5–7 5–8 5–9 5–11	9–10 9–11 9–12	10–5 10–14 10–15	13–16
		12 献宾与兄弟	1–7 1–8 1–14 1–17	2–6 2–7	3–1 3–6 3–7 3–10 3–11 3–14	4–10 4–18	5–5 5–6 5–7 5–8 5–9		10–14 10–15	
		13 长兄弟为加爵	1–7 1–9 1–14	2–6	3–10 3–11 3–14	4–10 4–18	5–5 5–6 5–7 5–8 5–9		10–4 10–14 10–15	
		14 众宾长加爵	1–7 1–9 1–14	2–6	3–10 3–11 3–14	4–10 4–18	5–5 5–6 5–7 5–8 5–9		10–4 10–14 10–15	
		15 嗣举奠献尸	1–7 1–9 1–14	2–6	3–1 3–6 3–10 3–11 3–14	4–10 4–18	5–5 5–6 5–7 5–8 5–9		10–4 10–13 10–14 10–15	

续表

			主要礼例							
			通例上第一	通例下第二	饮食之例上第三	饮食之例中第四	饮食之例下第五	祭例上第九	祭例下第十	杂例第十三
特牲馈食礼第十五	二、特牲馈食礼正礼	17 佐食献尸	1–7 1–8 1–14	2–6	3–1 3–2 3–6 3–10 3–11 3–12 3–14 3–18	4–10 4–18	5–5 5–6 5–7 5–8 5–9		10–14 10–15	
		16 旅酬	1–7 1–8 1–14 1–17	2–6 2–7	3–4 3–10 3–11 3–14	4–1 4–2 4–3 4–4 4–5 4–10 4–18	5–5 5–6 5–7 5–8 5–9		10–4 10–14 10–15	
		18 尸出归尸俎彻庶羞	1–7	2–6					10–14 10–15	
	三、祭后礼事	19 嗣子长兄弟馂	1–7 1–9 1–14	2–6 2–21	3–1 3–2 3–6 3–10 3–11 3–12 3–14	4–18	5–5 5–6 5–7 5–8 5–9 5–10	9–13	10–14 10–15	
		20 改馔阳厌	1–7	2–6 2–21		4–13		9–9	10–14 10–15	
		21 礼毕宾出	1–7 1–8 1–13 1–14 1–17	2–6					10–14 10–15 10–16	

[注释]

[1 –1] 凡迎宾，主人敌者于大门外，主人尊者于大门内。

[1 –3] 凡入门，宾入自左，主人入自右，皆主人先入。

[1 –7] 凡升阶皆连步，唯公所辞则栗阶。

［1－8］凡门外之拜皆东西面，堂上之拜皆北面。

［1－9］凡室中、房中拜以西面为敬，堂下拜以北面为敬。

［1－13］凡拜送之礼，送者拜，去者不答拜。

［1－14］凡丈夫之拜坐，妇人之拜兴；丈夫之拜奠爵，妇人之拜执爵。

［1－15］凡妇人于丈夫皆侠拜。

［1－16］凡妇人重拜皆扱地。

［1－17］凡推手曰揖，引手曰厌。

［1－18］凡送宾，主人敌者于大门外，主人尊者于大门内。

［2－2］凡授受之礼，相向者谓之讶授受。

［2－4］凡相礼者之授受皆讶授受。

［2－6］凡佐礼者，在主人曰摈，在客曰介。

［2－7］凡宾、主人礼，盛者专阶，不盛者不专阶。

［2－8］凡戒宾、宿宾，宿者必先戒，礼杀者则不宿。

［2－10］凡礼盛者必先盥。

［2－14］凡庭洗设于阼阶东南，南北以堂深，天子诸侯当东溜，卿大夫士当东荣，水在洗东。

［2－15］凡内洗设于北堂上，南北直室东隅，东西直房户与隅间。

［2－16］凡设尊，宾、主人敌者于房户之间，君臣则于东楹之西，并两壶，有玄酒，有禁。

［2－19］凡堂下之篚，在洗西，南肆。

［2－20］凡陈鼎，大夫士，门外北面，北上；诸侯，门外南面，西上。反吉，则西面。

［2－21］凡设席，南向北向，于神则西上，于人则东上；东向西向，于神则南上，于人则北上。

［3－1］凡主人进宾之酒谓之献。

［3－2］凡宾报主人之酒谓之酢。

［3－4］凡正献既毕之酒谓之旅酬。

［3－6］凡献酒皆有荐，礼盛者则设俎。

［3－7］凡荐脯醢在升席先，设俎在升席后。

［3－10］凡啐酒于席末，告旨则降席拜。

［3－11］凡献酒，礼盛者受爵告旨，卒爵皆拜，酢主人；礼杀者不拜告旨；又杀者不酢主人。

［3－12］凡酢如献礼，崇酒，不告旨；礼杀者，则以虚爵授之。

［3－14］凡礼盛者坐卒爵，礼杀者立卒爵。

［3－18］凡献工与笙于阶上，献获者与释获者于堂下，献祝与佐食于室中。

［4－1］凡一人举觯为旅酬始，二人举觯为无算酬始。

［4－2］凡旅酬皆以尊酬卑，谓之旅酬下为上。

［4－3］凡旅酬，不及献酒者不兴。

［4－4］凡旅酬皆拜，不祭，立饮。

［4－5］凡旅酬，不洗，不拜既爵。

［4－10］凡奠爵，将举者于右，不举者于左。

［4－13］凡设馔以豆为本。

［4－18］凡食礼有豆无笾；饮酒之礼豆笾皆有。

［5－5］凡执爵皆左手，祭荐皆右手。

［5－6］凡祭荐者坐，祭俎者兴；祭荐者执爵，祭俎者奠爵。

［5－7］凡祭荐不挩手；祭俎则挩手。

［5－8］凡祭酒，礼盛者啐酒，不盛者不啐酒；祭肺，礼盛者祭肺，不盛者不祭肺。

［5－9］凡祭皆于笾豆之间，或上豆之间。

［5－10］凡贱者亦祭。

［5－11］凡饮酒，君臣不相袭爵，男女不相袭爵。

［5－12］凡脯醢谓之荐，出自东房。

［5－13］凡牲皆用右胖，唯变礼反吉用左胖。

［5－14］凡牲二十一体，谓之体解。

［5－16］凡肺皆有二，一举肺，一祭肺。

［5－17］凡牲，杀曰饔，生曰饩；饔之属皆陈于堂上下，饩之属皆陈于门内外。

［9－1］凡士祭，尸九饭；大夫祭，尸十一饭。

［9－2］凡尸饭，举脊为食之始；举肩为食之终。

［9－3］凡尸所食，皆加于肵俎，若虞祭则以篚代之。

［9－4］凡肵俎皆载心舌，尸未入，先设于阼阶西。

［9－5］凡尸所食之肺脊，必先奠于菹豆，尸卒食，佐食始受之，加于肵俎。

［9－6］凡尸未食前之祭，谓之堕祭，又谓之挼祭。

［9－7］凡主人受尸嘏挼祭，尸酢主人主妇亦挼祭。

［9－8］凡尸未入室之前，设馔于奥，谓之阴厌。

［9－9］凡尸既出室之后，改馔于西北隅，谓之阳厌。

［9－10］凡卒食酳尸，皆主人初献，主妇亚献，宾长三献。

［9－11］凡献尸毕，皆献祝及佐食。

［9－12］凡主人初献，从俎皆以肝；主妇亚献、宾长三献，从俎皆以燔；主人、主妇献祝亦如之。

［9－13］凡餕，士礼二人，大夫礼四人，餕毕亦有献酢。

［9－14］凡祭，尸不就洗，别设槃匜待之。

［10－4］凡士祭，正献后加爵三；下大夫祭，正献后加爵二；傧尸，则正献后加爵一。

［10－5］凡致爵，皆在宾三献之间，加爵亦致。若傧尸，则于堂上献尸侑时，行之。

［10－7］凡祭，阴厌则荐豆设俎，尸饭则加豆，亚献则荐笾；若将傧尸，则正献不荐。

［10－13］凡士祭，加爵后，嗣子入举奠；大夫祭，则不举奠。

［10－14］凡正祭于室，傧尸则于堂。

［10－15］凡尸在室中皆东面；在堂上则南面。

［10－16］凡祭毕告利成，士礼则祝、主人立于户外；大夫礼则祝、主人

立于阶上。

［13－12］凡卜筮皆于庙门，唯将葬则于兆南。

［13－13］凡筮，士坐筮；卿大夫立筮。

［13－16］凡士礼，冠、昏、丧、祭皆摄盛。

特牲馈食礼所涉方位图一览表[1]

			杨复《仪礼图》	张惠言《仪礼图》	黄以周《礼书通故》	吴之英《寿栎庐仪礼奭固礼事图》
特牲馈食礼第十五	一、礼前准备	1 筮日	筮日图 260	筮日 1738		筮日 360
		2 筮尸				
		3 宿尸	宿尸图 261		宿尸 2226	宿尸 360
		4 宿宾		宿宾 1739		宿宾 361
		5 视涤视牲	视濯视牲图 263	视濯 1739	视濯 2227	先陈 361 视濯及牲 362
	二、特牲正礼	6 祭日陈设及位次	视杀视爨实器陈馔图 264	视杀陈器即位 1740	视杀陈器即位 2228	视杀视爨 362 爨饪具 263
		7 阴厌	设俎豆敦厌祭图 265—266	直祭酌奠 1740	直祭酌奠 2229	鼎入杝载 363 荐设 364
		8 尸入九饭	迎尸正祭及酳尸图 267	尸入九饭 1741	尸入九饭 2230	祝迎尸 364 尸三饭 365 尸又三饭 365 尸又三饭 366
		9 主人初献	尸醋主人图 268 主人献祝及佐食图 269	主人酳尸献祝佐食 1741	主人酳尸献祝佐食 2231	主人酳 366 尸嘏主人 367 筵祝 367 献佐食 368
		10 主妇亚献	主妇亚献尸尸酢主妇图 270	主妇亚献献祝佐食 1742	主妇亚献献祝佐食 2232	主妇亚献 368 尸酢主妇 369 主妇献祝及佐食 369

续表

			杨复《仪礼图》	张惠言《仪礼图》	黄以周《礼书通故》	吴之英《寿栎庐仪礼奭固礼事图》
特牲馈食礼第十五	二、特牲正礼	11 宾三献	主人主妇致爵醋图 271 宾作止爵至酢于主人凡六爵图 271	主妇主人致爵 1742	主妇主人致爵 2233	宾三献 370 主妇致爵主人 370 主人致爵主妇 371 三献作止爵 371
		12 献宾与兄弟	献宾及众宾宗人公有司图 272 主人酬宾图 273 主人献长兄弟众兄弟及私臣图 274 主人献内兄弟图 275	献宾 1743 酬宾献兄弟内兄弟 1743	献宾酬宾 2234	主人献宾 372 主人献众宾 372 主人酬宾 373 主人献长兄弟众兄弟内兄弟 373
		13 长兄弟为加爵				长兄弟加爵 374
		14 众宾长加爵				
		15 嗣举奠献尸	嗣举奠图 275	嗣举奠弟子举觯 1744	献兄弟嗣举奠 2235	嗣举奠 374

续表

			杨复《仪礼图》	张惠言《仪礼图》	黄以周《礼书通故》	吴之英《寿栎庐仪礼奭固礼事图》
特牲馈食礼第十五	二、特牲正礼	16 旅酬	旅酬及弟子举觯于其长图 277	旅酬 1744 弟子各举觯 1745	旅酬 2236 弟子各举觯 2237	兄弟弟子举觯长兄弟 375 宾长酬长兄弟举旅 375 为加爵者作止爵 376 长兄弟酬宾 376 宾弟子兄弟弟子各举觯于长 377
		17 佐食献尸				利献尸 377
		18 尸出归尸俎彻庶羞		利成彻俎 1745	利成彻俎 2238	祝返彻 378
	三、祭后礼事	19 嗣子长兄弟馂	二人馂图 278—279	馂彻俎 1746	馂彻俎 2239	两馂食 378 酳两馂 379
		20 改馔阳厌	彻俎及阳厌图 279	改馔送宾 1746		祝命彻 379
		21 礼毕宾出				

续表

		杨复《仪礼图》	张惠言《仪礼图》	黄以周《礼书通故》	吴之英《寿栎庐仪礼奭固礼事图》
特牲馈食礼第十五	记文	22 记祭时衣冠			
		23 记器具品物陈设之法			
		24 记事尸之礼			
		25 记佐食所事因及宗人佐食齿列			
		26 记设内尊与内兄弟面位旅酬赞荐诸仪			
		27 记祭灶之节			
		28 记宾返位送尸之节			
		29 记诸俎牲体之数			
		30 记公有司私臣面位献法			献公有司私臣 380

［注释］

〔1〕由于附表内容较为琐碎，故将其所涉礼图出处以数字的形式于表格中标示出来。

如杨复《仪礼图》一列“筵日图 260”，指的是本图详见文渊阁版《四库全书》，上海古籍出版社，2002 年，第 104 册，第 260 页。

张惠言《仪礼图》一列“筮日 1738”，指的是本图详见阮元、王先谦编著之《皇清经解续编》，凤凰出版社，2005 年，第二册，第 1738 页。

黄以周《礼书通故》一列“宿尸 2226”，指的是本图详见《续修四库全书》，上海古籍出版社，2001 年，第 112 册，第 2226 页。

吴之英《寿栎庐仪礼奭固礼事图》一列“筮日 360”，指的是本图详见《续修四库全书》，上海古籍出版社，2001 年，第 94 册，第 360 页。

以下所涉方位图一览表与此相同，不再复述。

少牢馈食礼

少牢馈食礼方位图

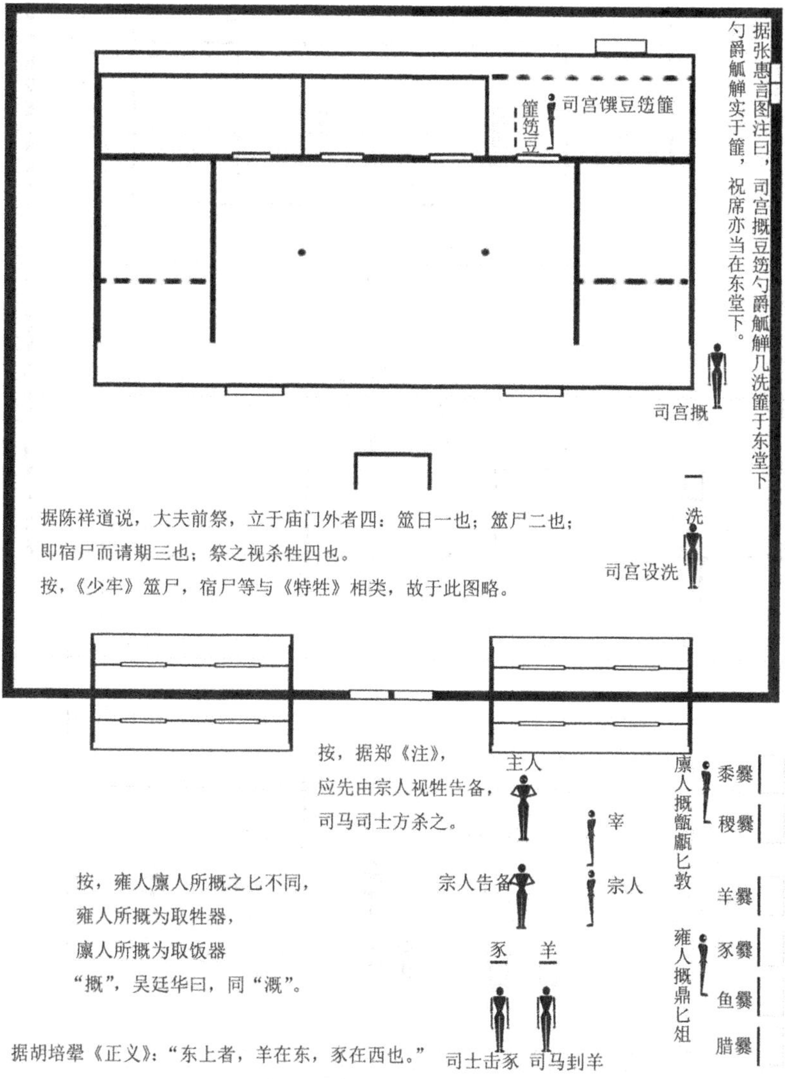

16－4－1　祭日视杀视涤图

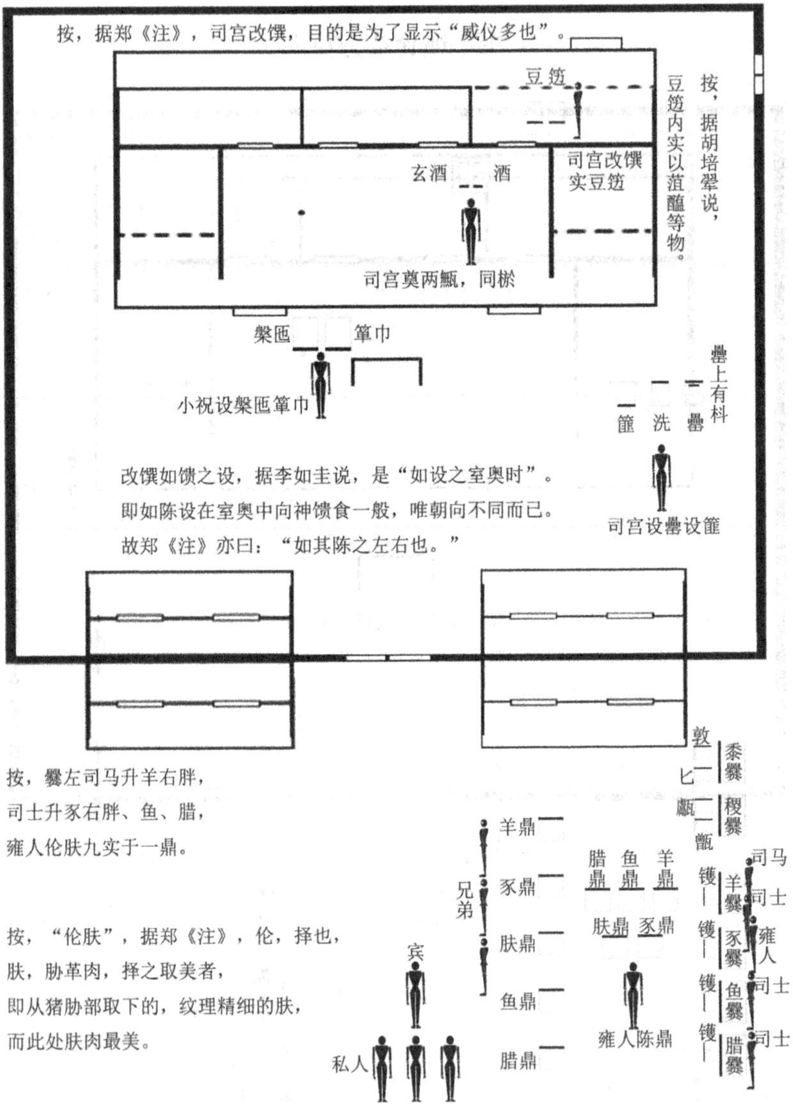

16－5－1 **羹定实鼎馔器图**

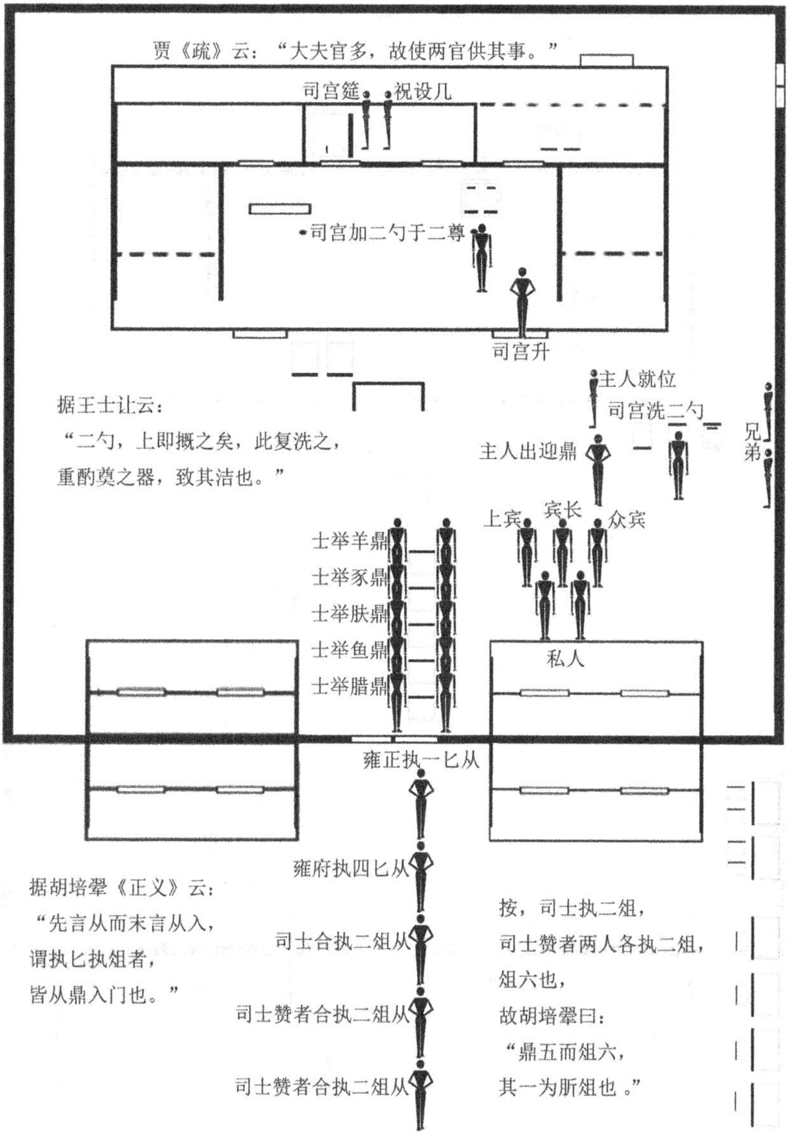

16-6-1　将祭即位设几加勺载俎图一

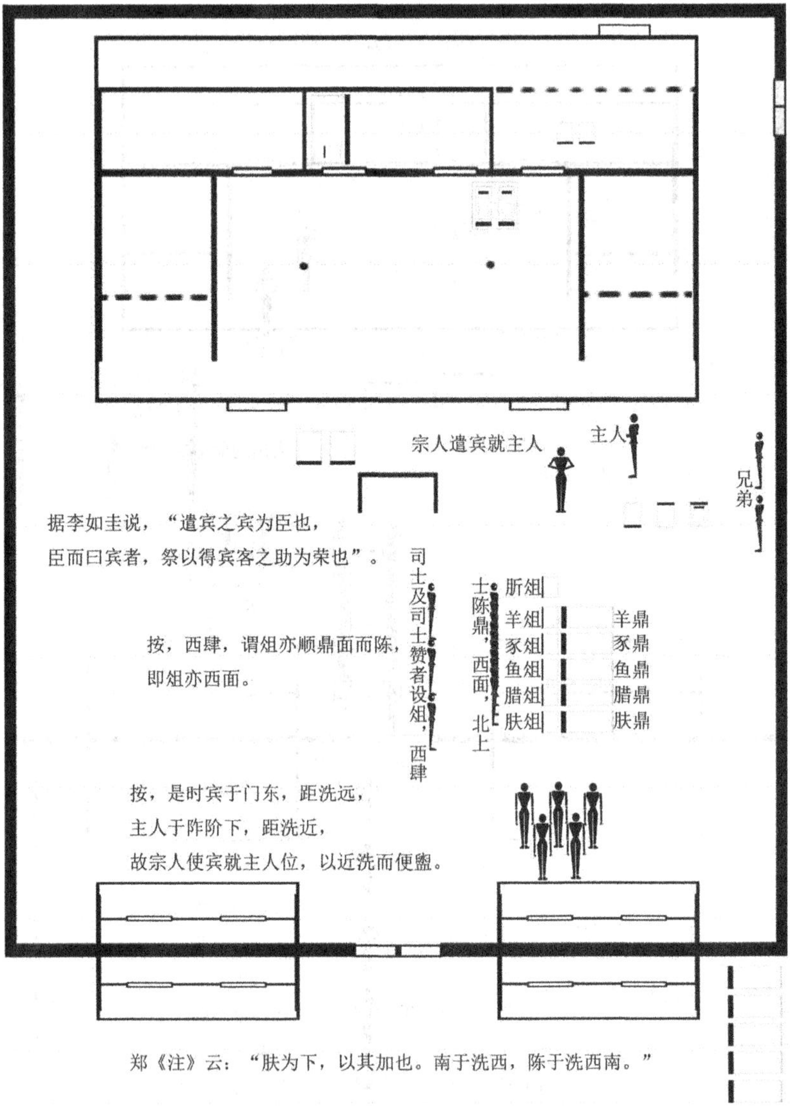

16－6－2　将祭即位设几加勺载俎图二

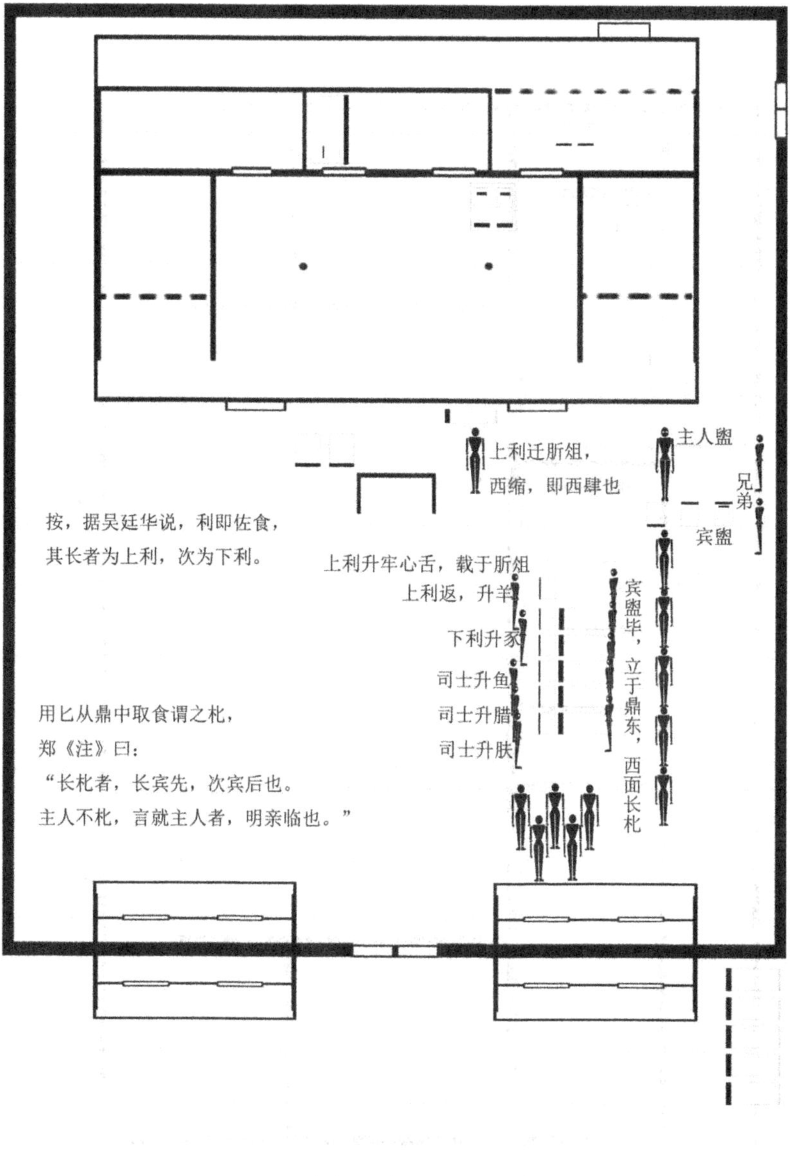

16－6－3 **将祭即位设几加勺载俎图三**

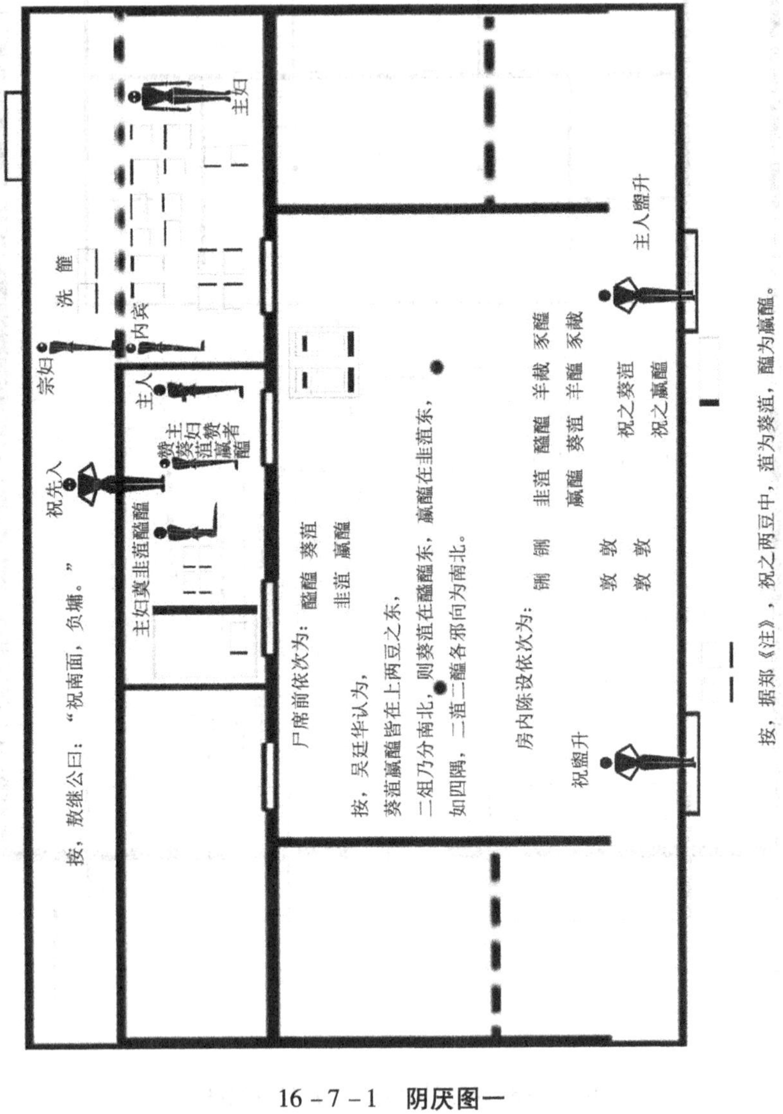
按，敖继公曰："祝南面，负墉。"
宗妇
内宾
洗
篚
主妇
祝先入
主人
主妇荐韭菹醓醢
尸席前依次为：醓醢　葵菹
韭菹　蠃醢
按，吴廷华认为，
葵菹蠃醢皆在上两豆之东，
二组乃分南北，则葵菹在醓醢东，蠃醢在韭菹东，
如四隅，二菹二醢各邪向为南北。
房内陈设依次为：铏　铏　韭菹　醓醢　羊胾　豕醢
蠃醢　葵菹　羊醢　豕胾
敦　敦
敦　敦
祝之葵菹
祝之蠃醢
主人盥升
祝盥升
按，据郑《注》，祝之两豆中，菹为葵菹，醢为蠃醢。

16－7－1　**阴厌图一**

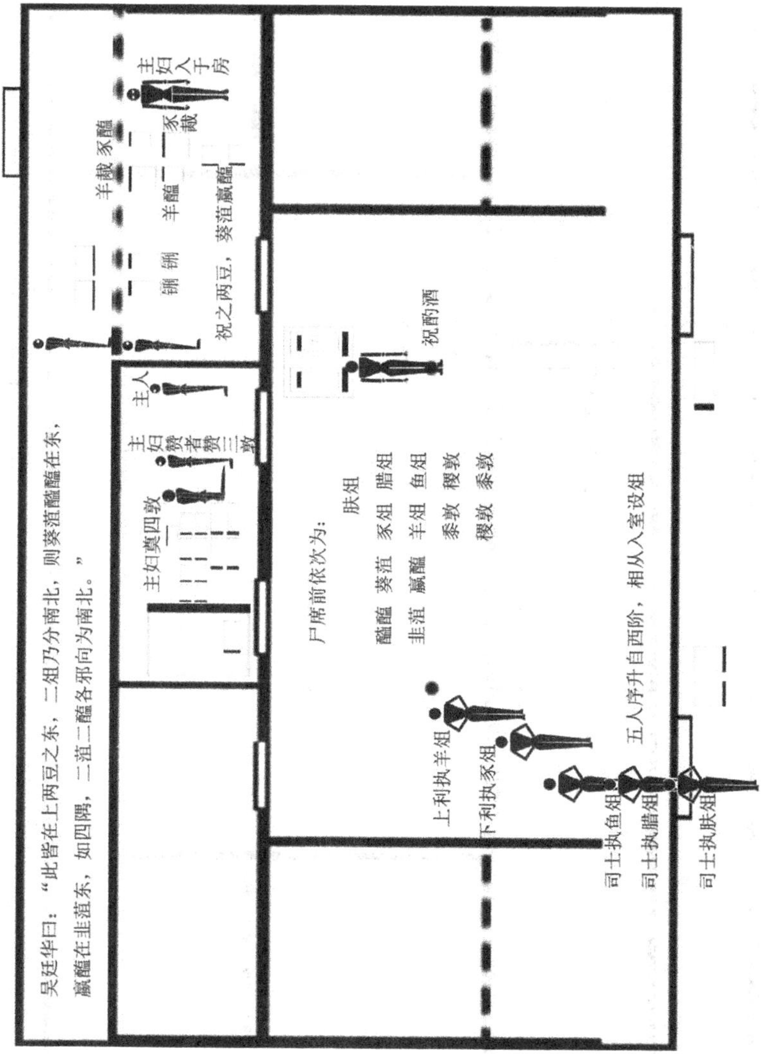
吴廷华曰：“此皆在上两豆之东，二俎乃分南北，则葵菹醓醢在东，
蠃醢在韭菹东，如四隅，二菹二醢各邪向为南北。”
主妇入于房
羊胾 豕醢
豕胾
羊醢
葵菹蠃醢
铏 铏
祝之两豆，
主人
主妇赞者赞二敦
主妇奠四敦
祝酌酒
尸席前依次为：
肤俎
醓醢 葵菹 豕俎 腊俎
韭菹 蠃醢 羊俎 鱼俎
黍敦 稷敦
稷敦 黍敦
五人序升自西阶，相从入室设俎
上利执羊俎
下利执豕俎
司士执鱼俎
司士执腊俎
司士执肤俎

16－7－2 **阴厌图二**

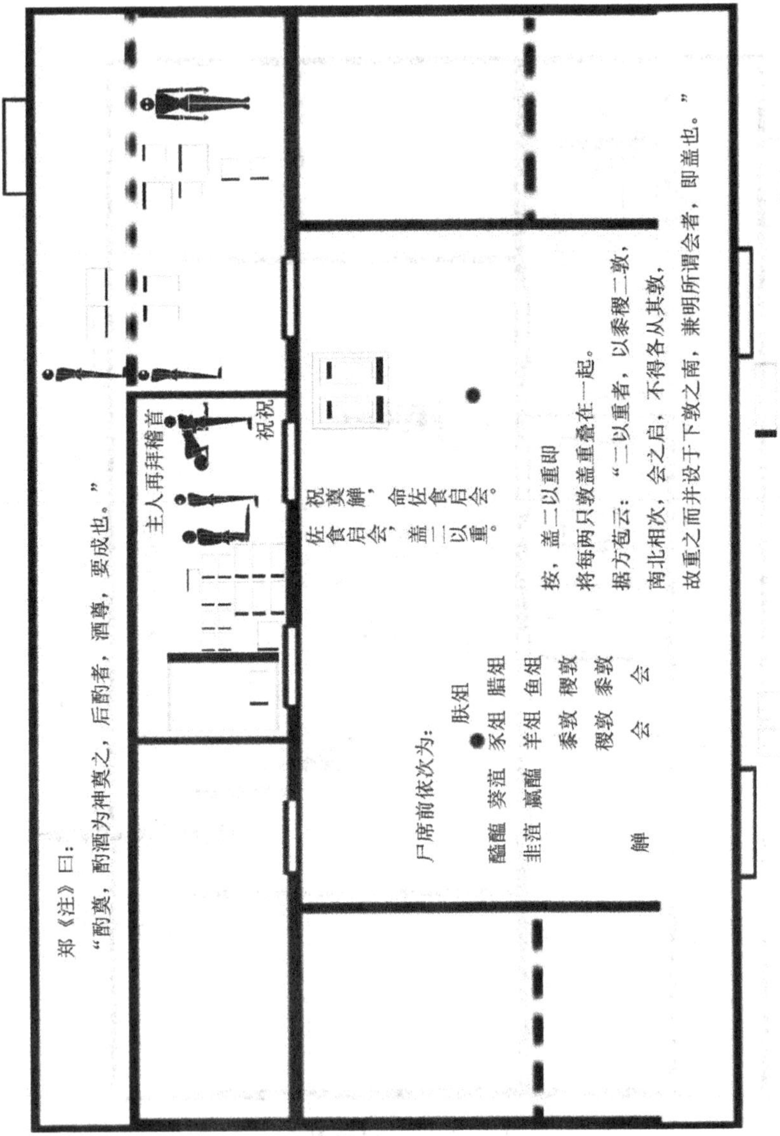
郑《注》曰：
"酌奠，酌酒为神奠之，后酌者，酒尊，要成也。"
主人再拜稽首
祝
祝
祝奠觯，命佐食启会。
佐食启会，盖二以重。
尸席前依次为：
肤俎
醢醢 葵菹 豕俎 腊俎
韭菹 蠃醢 羊俎 鱼俎
黍敦 稷敦
稷敦 黍敦
觯 会 会
按，盖二以重即
将每两只敦盖重叠在一起。
据方苞云："二以重者，以黍稷二敦，
南北相次，会之启，不得各从其敦，
故重之而并设于下敦之南，兼明所谓会者，即盖也。"

16－7－3　**阴厌图三**

敖继公曰："南面云返，以见从尸入时位在此。"

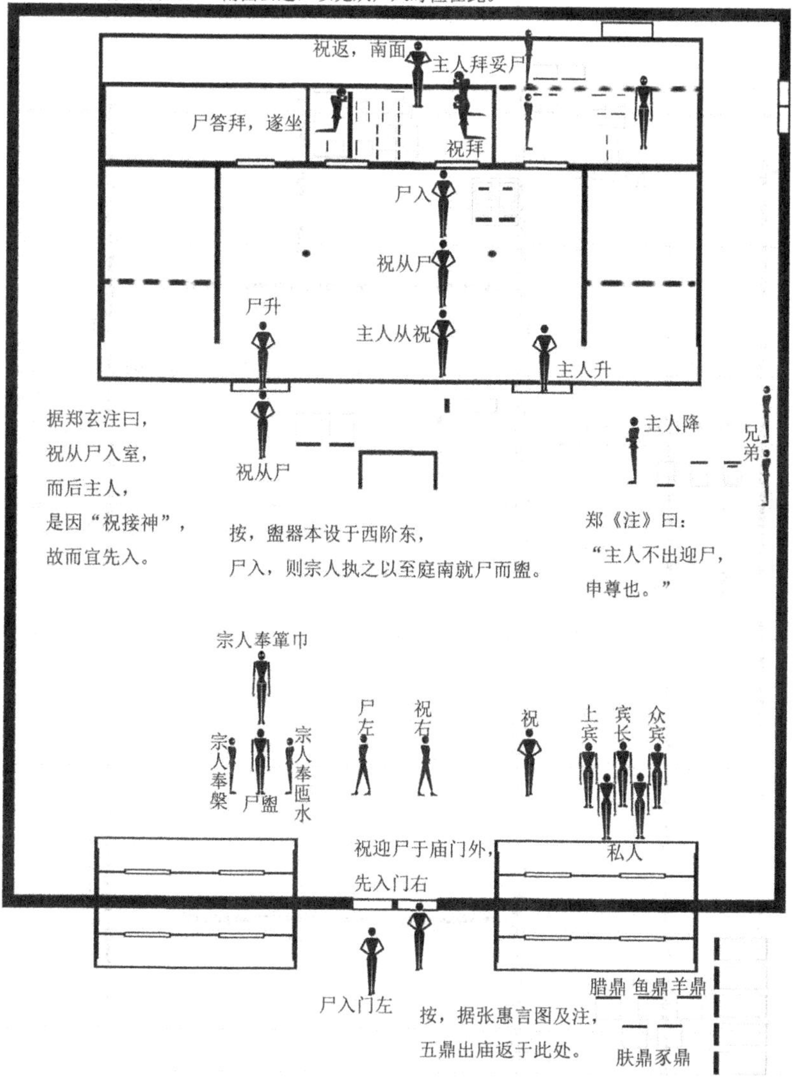

16－8－1　**迎尸入妥尸图**

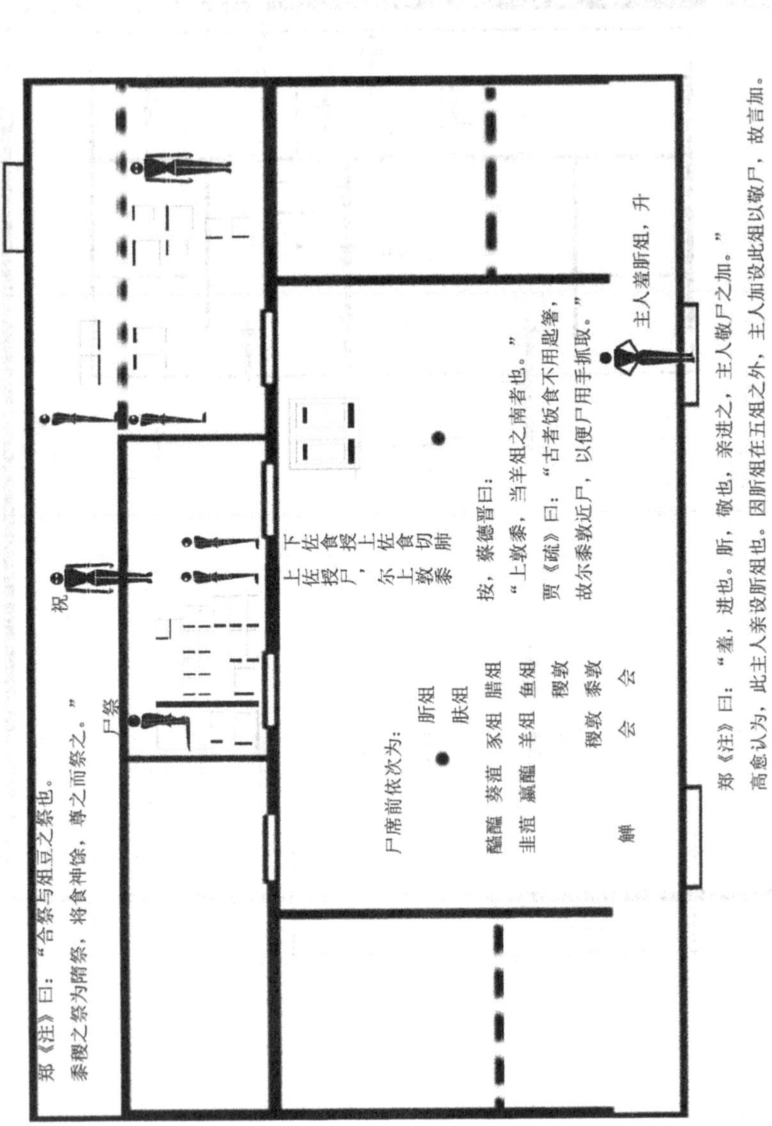

16－9－1 尸十一饭是谓正祭图一

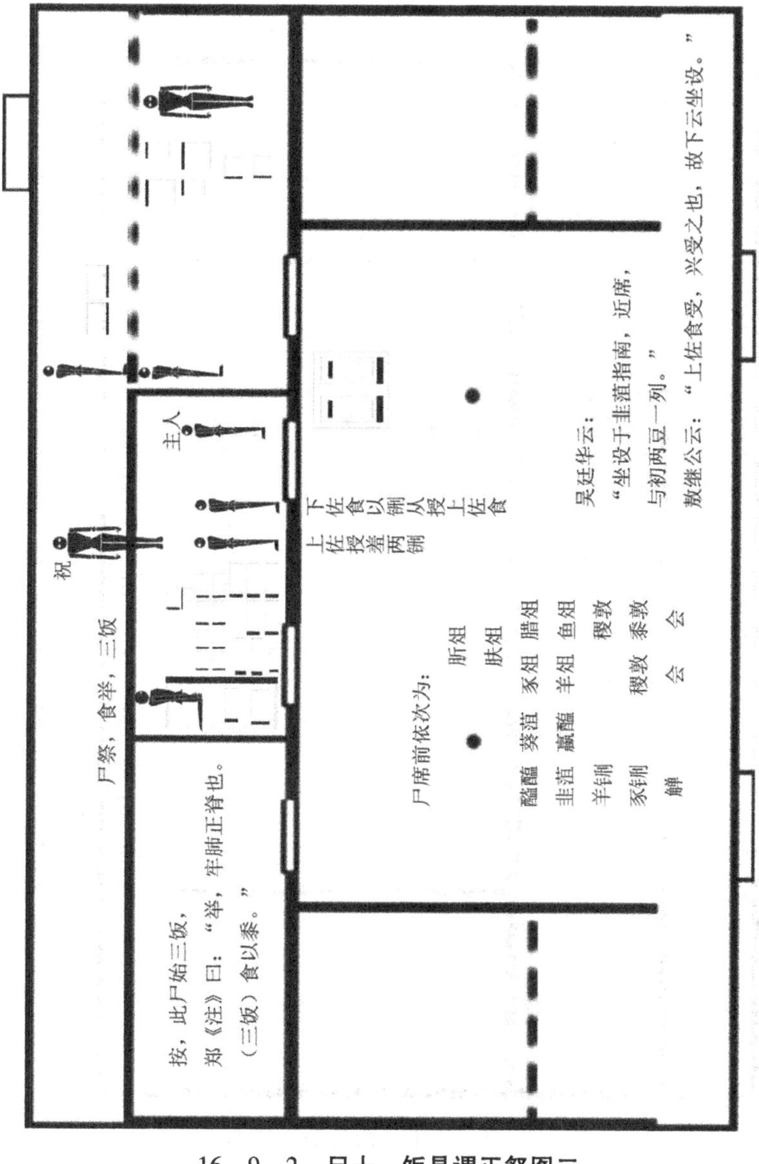

16-9-2　**尸十一饭是谓正祭图二**

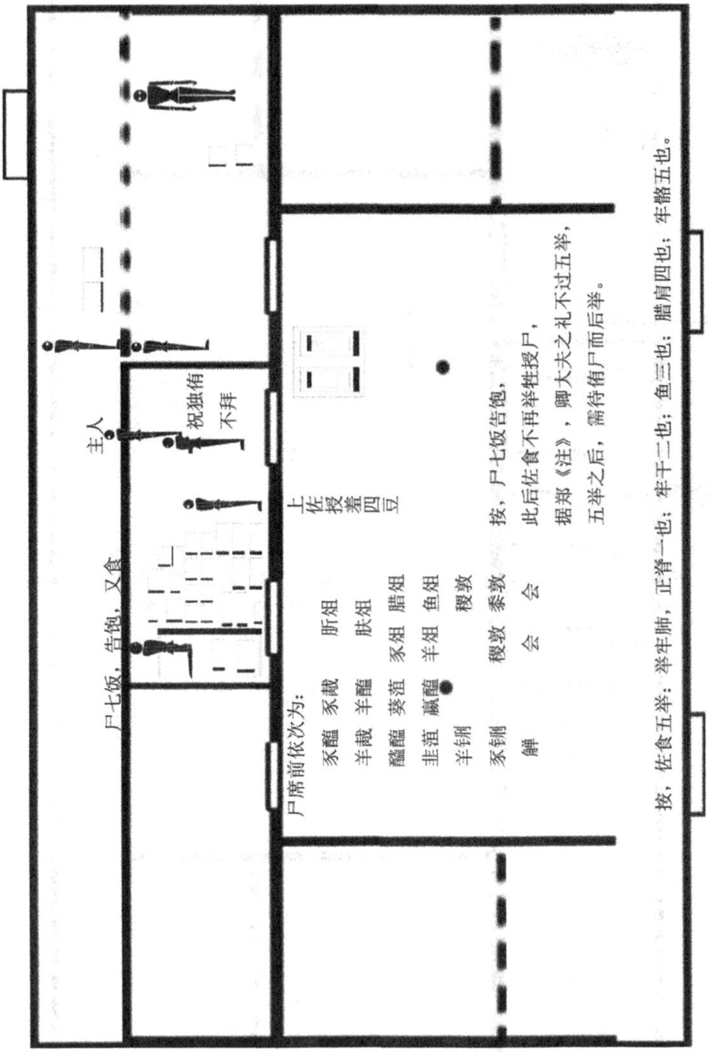

据《正义》，士祭尸，三饭即侑；大夫祭尸，七饭始侑。士祭，祝主人共侑；大夫祭，祝主人更侑。皆隆杀之义也。

16－9－3　尸十一饭是谓正祭图三

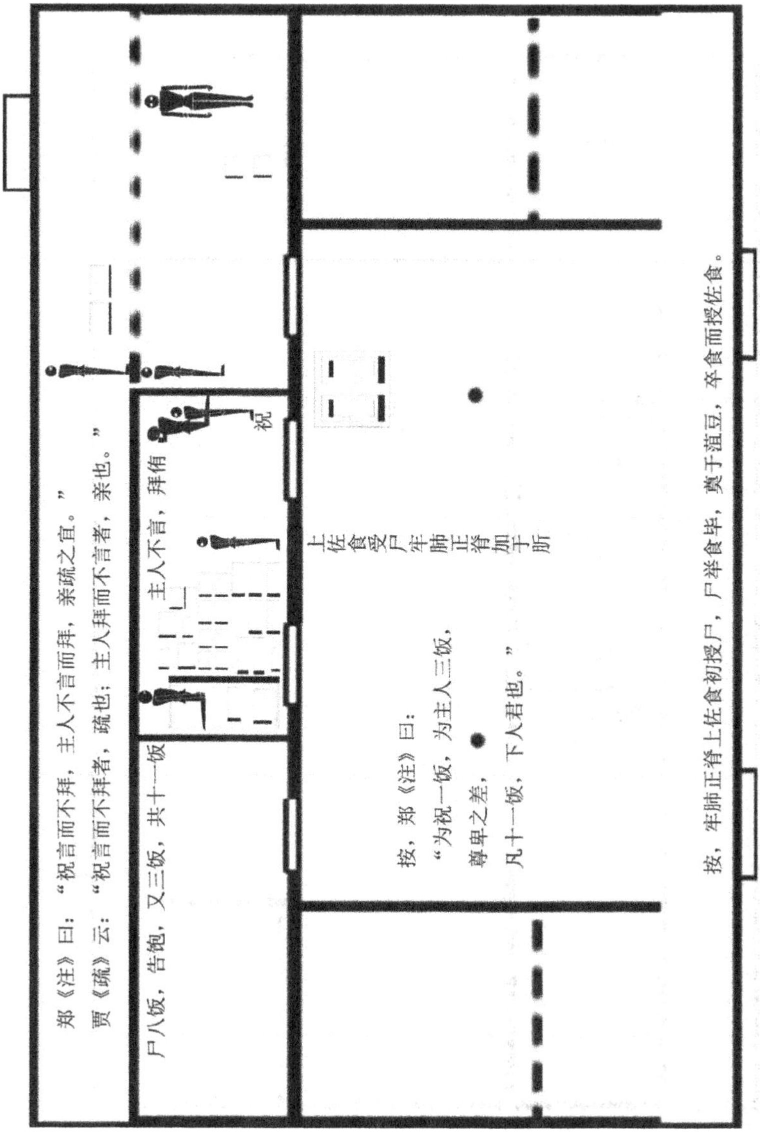

16－9－4 **尸十一饭是谓正祭图四**

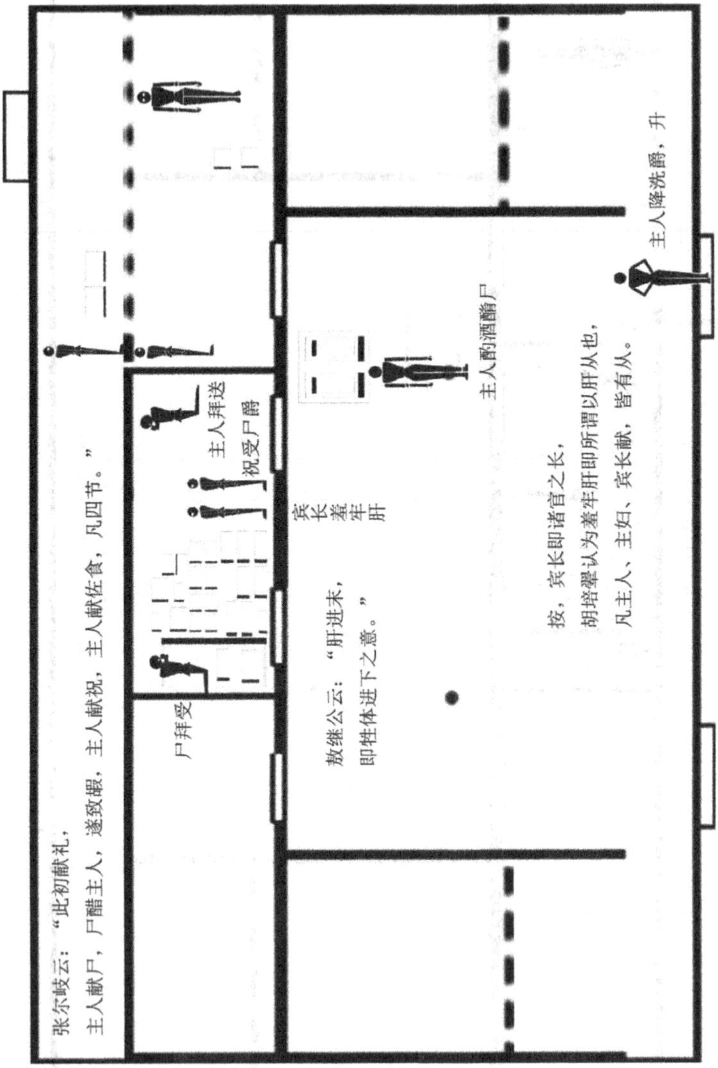
张尔岐云："此初献礼，
主人献尸，尸酢主人，遂致嘏，主人献祝，主人献佐食，凡四节。"
主人拜送
祝受尸爵
尸拜受
宾长羞牢肝
敖继公云："肝进末，
即牲体进下之意。"
主人酌酒酳尸
按，宾长即诸官之长，
胡培翚认为羞牢肝即所谓以肝从也，
凡主人、主妇、宾长献，皆有从。
主人降洗爵，升
郑《注》曰："酳，犹羡也。既食之而又饮之，所以乐之。"

16-10-1 **主人献尸图**

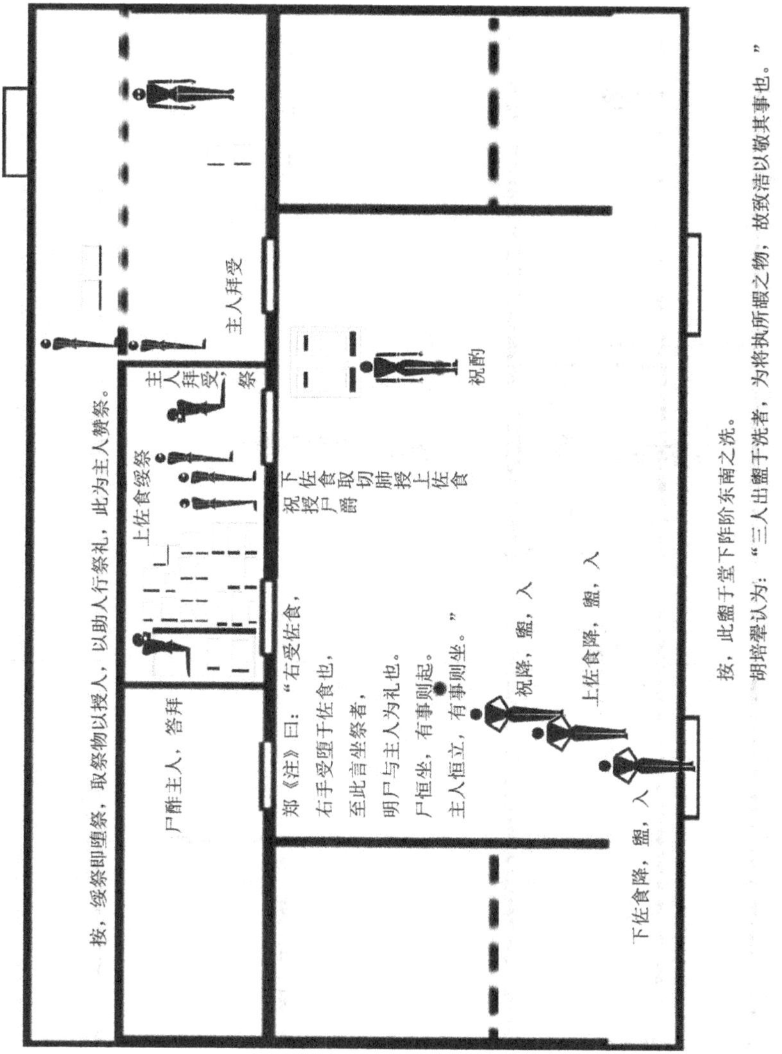

16－11－1 **尸酢主人命祝致嘏图一**

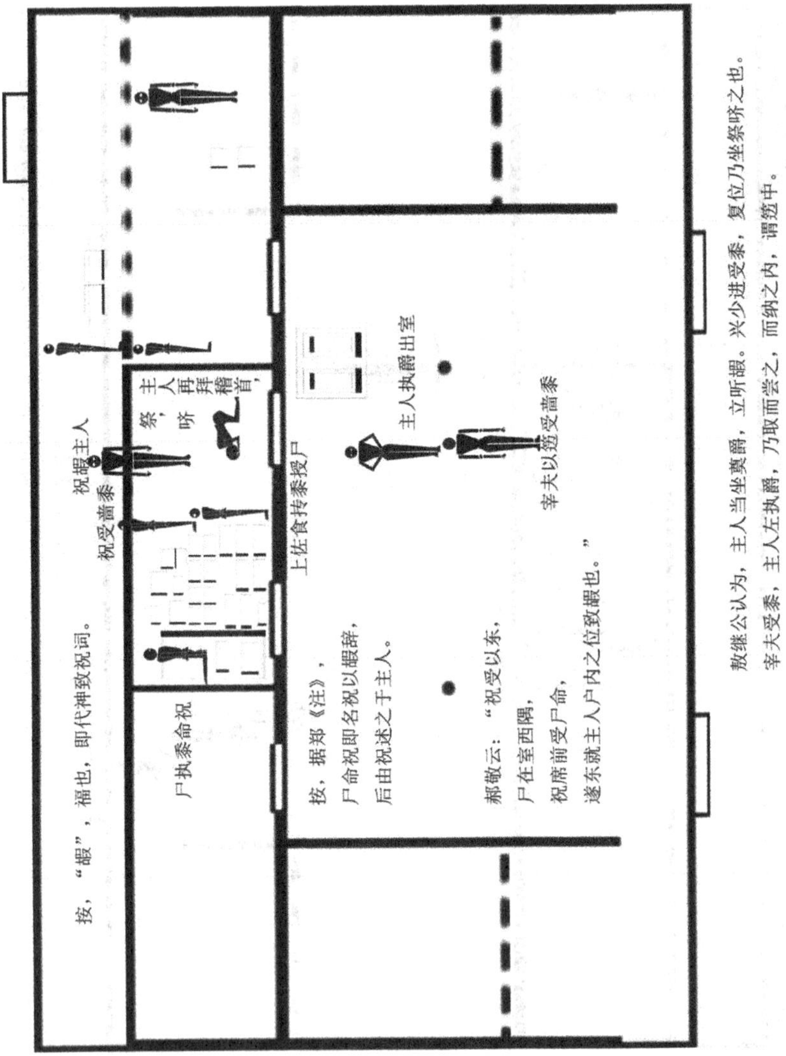

16－11－2　**尸酢主人命祝致嘏图二**

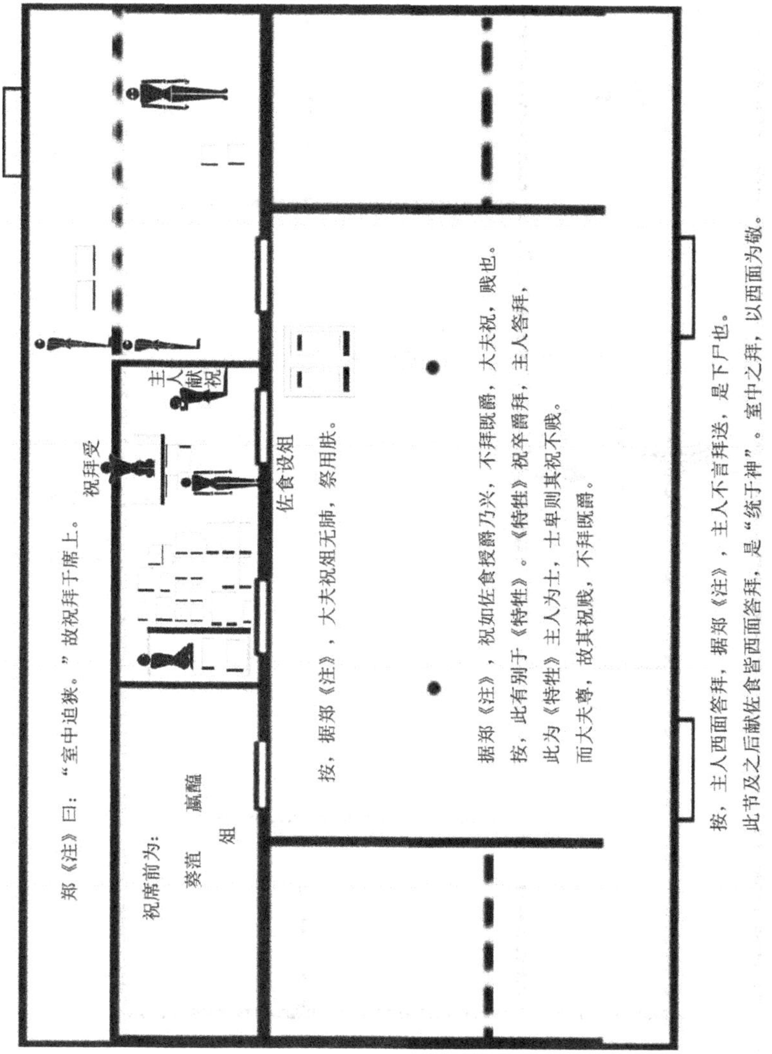
郑《注》曰：“室中迫狭。”故祝拜于席上。
祝拜受
主人献祝
祝席前为：荐菹 嬴醢 俎
佐食设俎
按，据郑《注》，大夫祝俎无肺，祭用肤。
据郑《注》，祝如佐食授爵乃兴，不拜既爵，大夫祝，贱也。
按，此有别于《特牲》。《特牲》祝卒爵拜，主人答拜，
此为《特牲》主人为士，士卑则其祝不贱。
而大夫尊，故其祝贱，不拜既爵。
按，主人西面答拜，据郑《注》，主人不言拜送，是下尸也。
此节及之后献佐食皆西面答拜，是“统于神”。室中之拜，以西面为敬。

16－12－1 **主人献祝图**

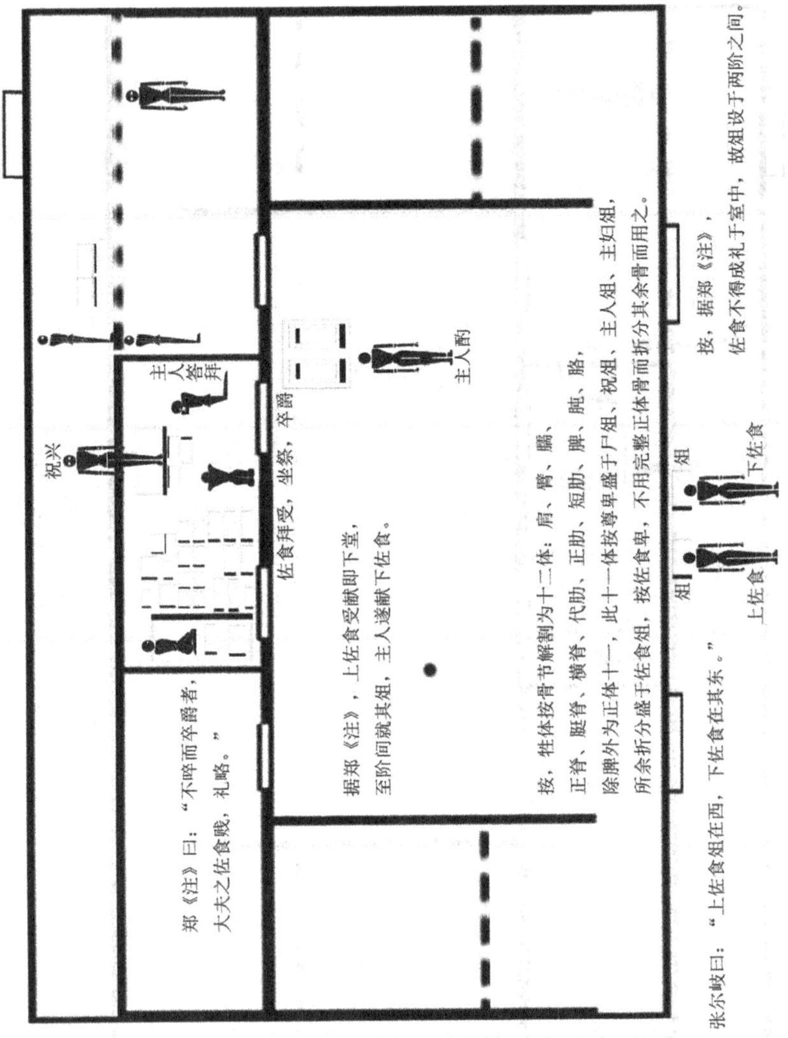

16－13－1 主人献两佐食初献礼竟图

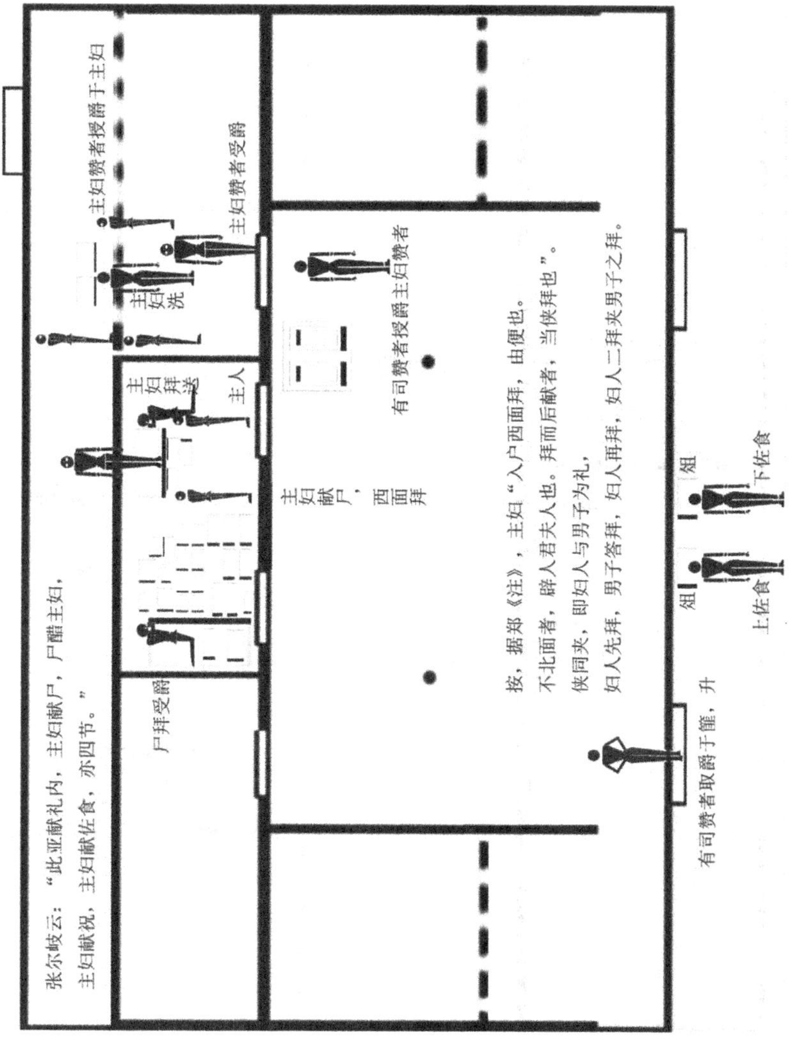
张尔岐云：“此亚献礼内，主妇献尸，尸醋主妇，
主妇献祝，主妇献佐食，亦四节。”
主妇赞者授爵于主妇
主妇赞者受爵
主妇洗
主妇拜送
主人
尸拜受爵
主妇献尸，西面拜
有司赞者授爵主妇赞者
按，据郑《注》，主妇“入户西面拜，由便也。
不北面者，辟人君夫人也。拜而后献者，当侠拜也”。
侠同夹，即妇人与男子为礼，
妇人先拜，男子答拜，妇人再拜，妇人二拜夹男子之拜。
俎
下佐食
俎
上佐食
有司赞者取爵于篚，升

16－14－1　**主妇献尸图**

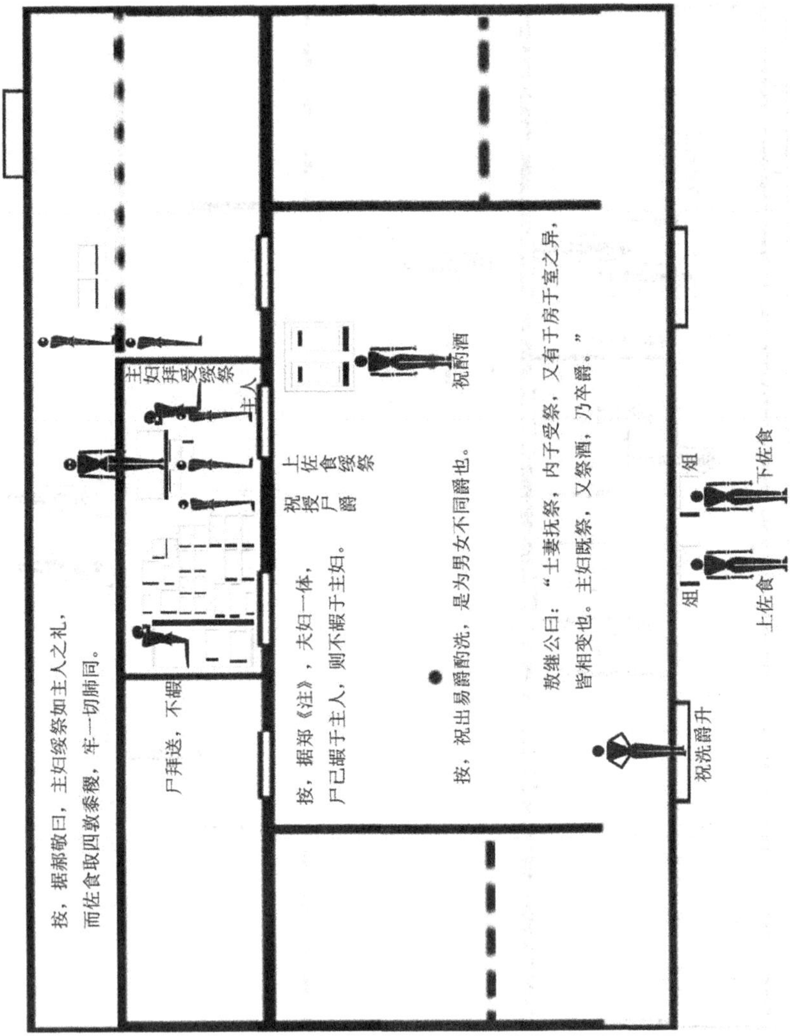
按，据郝敬曰，主妇绥祭如主人之礼，
而佐食取四敦黍稷，牢一切肺同。
尸拜送，不嘏
主妇拜受绥祭
主人
上佐食绥祭
祝授尸爵
按，据郑《注》，夫妇一体，
尸已嘏于主人，则不嘏于主妇。
祝酌酒
按，祝出易爵酌洗，是为男女不同爵也。
敖继公曰：“士妻抚祭，内子受祭，又有于房于室之异，
皆相变也。主妇既祭，又祭酒，乃卒爵。”
祝洗爵升
俎
上佐食
俎
下佐食

16－15－1 尸酢主妇图

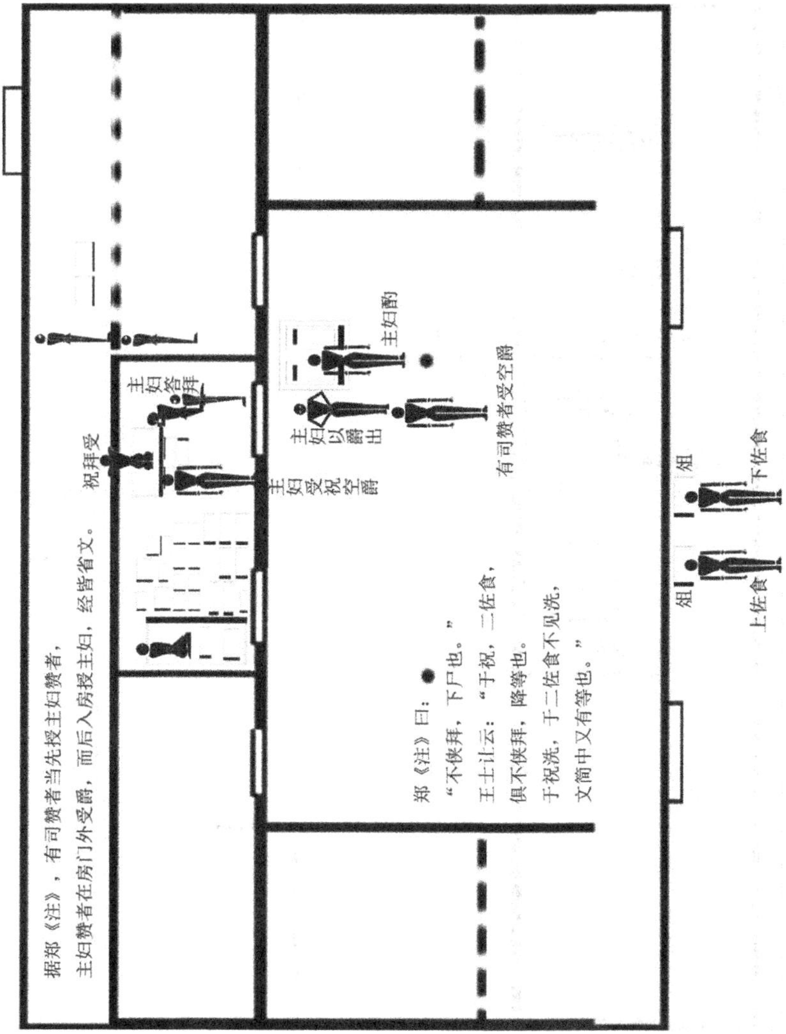
据郑《注》，有司赞者当先授主妇赞者，
主妇赞者在房门外受爵，而后入房授主妇，经皆省文。
祝拜受
主妇答拜
主妇受祝空爵
主妇以爵出
主妇酌
有司赞者受空爵
郑《注》曰：
“不侠拜，下尸也。”
王士让云：“于祝，二佐食，
俱不侠拜，降等也。
于祝洗，于二佐食不见洗，
文简中又有等也。”
俎
下佐食
俎
上佐食

16－16－1 **主妇献祝图**

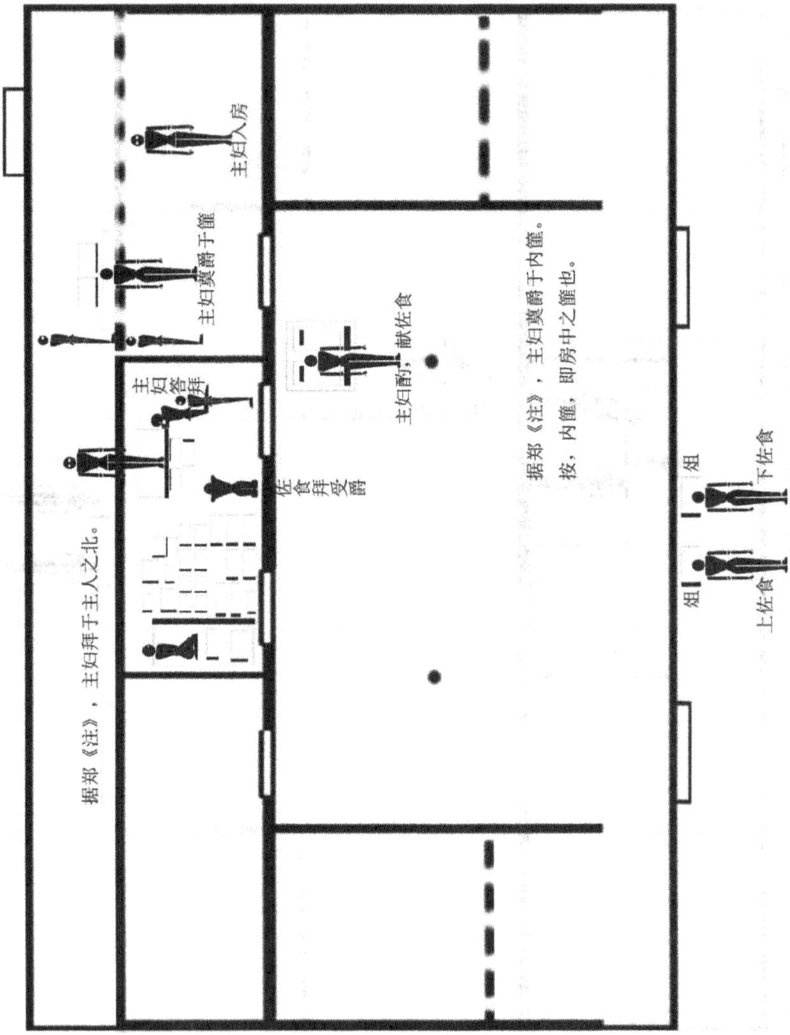

16－17－1　**主妇献两佐食亚献礼竟图**

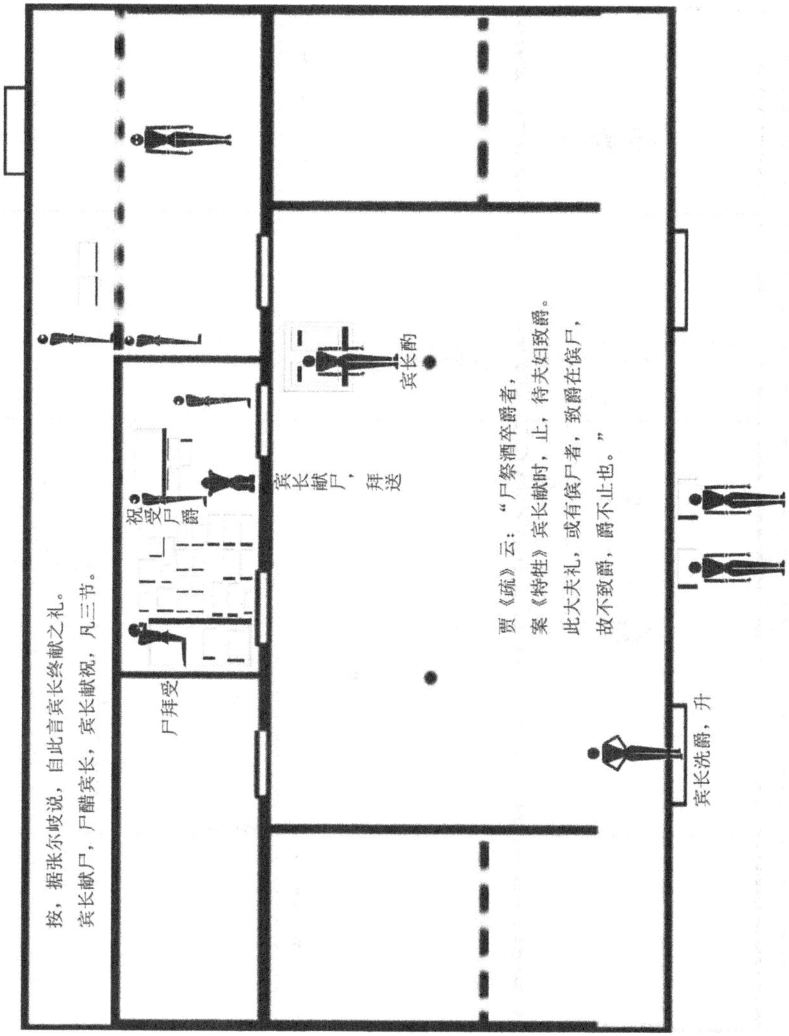
按，据张尔岐说，自此言宾长终献之礼。
宾长献尸，尸酢宾长，宾长献祝，凡三节。
尸拜受
祝受尸爵
宾长献尸，拜送
宾长酌
贾《疏》云：“尸祭酒卒爵者，
案《特牲》宾长献时，止，待夫妇致爵。
此大夫礼，或有傧尸者，致爵在傧尸，
故不致爵，爵不止也。”
宾长洗爵，升

16－18－1　**宾长献尸图**

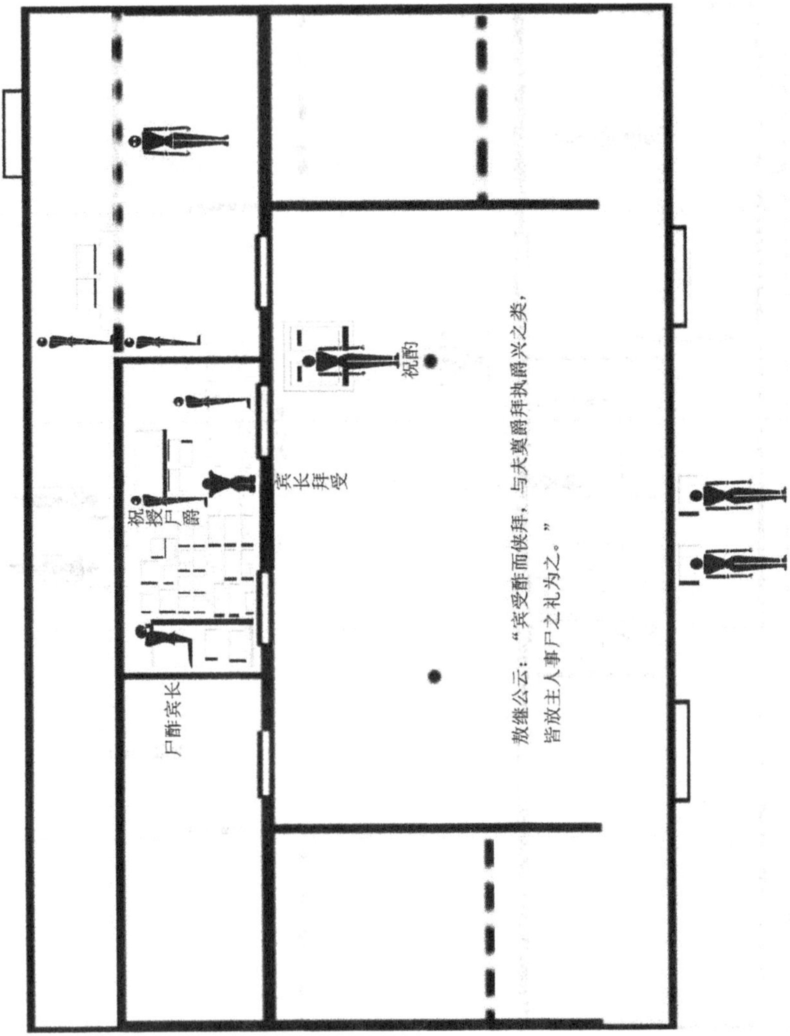

16－19－1 **尸醋宾长图**

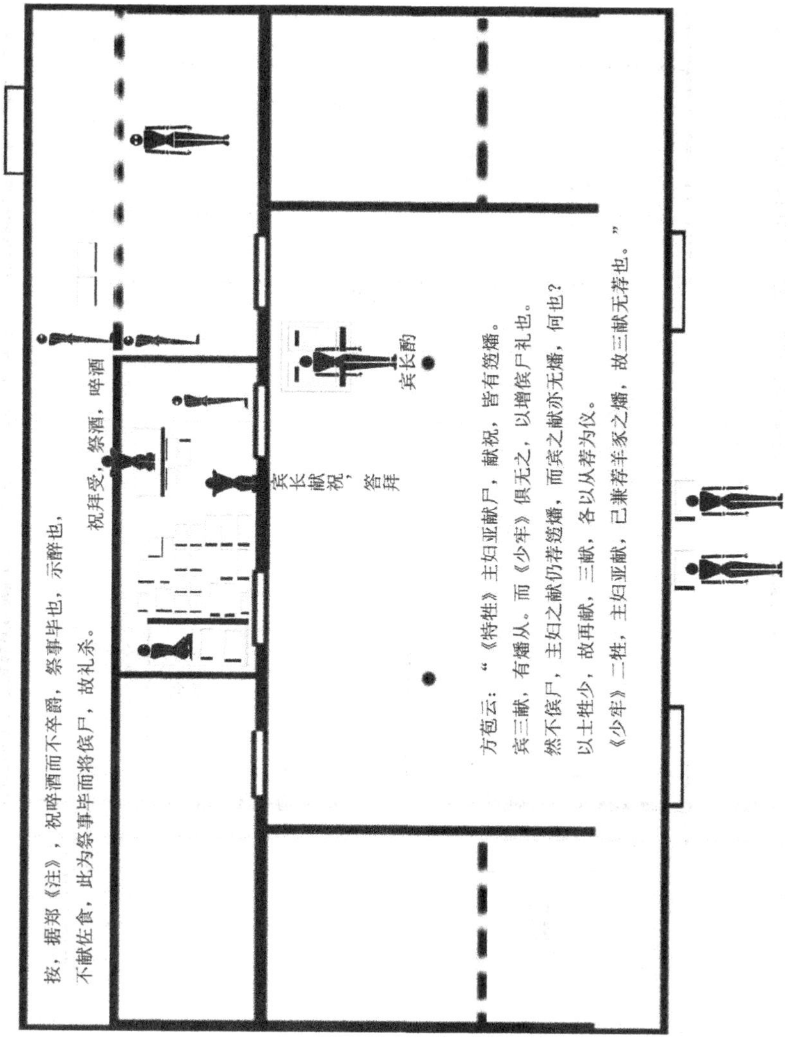

16－20－1　**宾长献祝终献礼竟图**

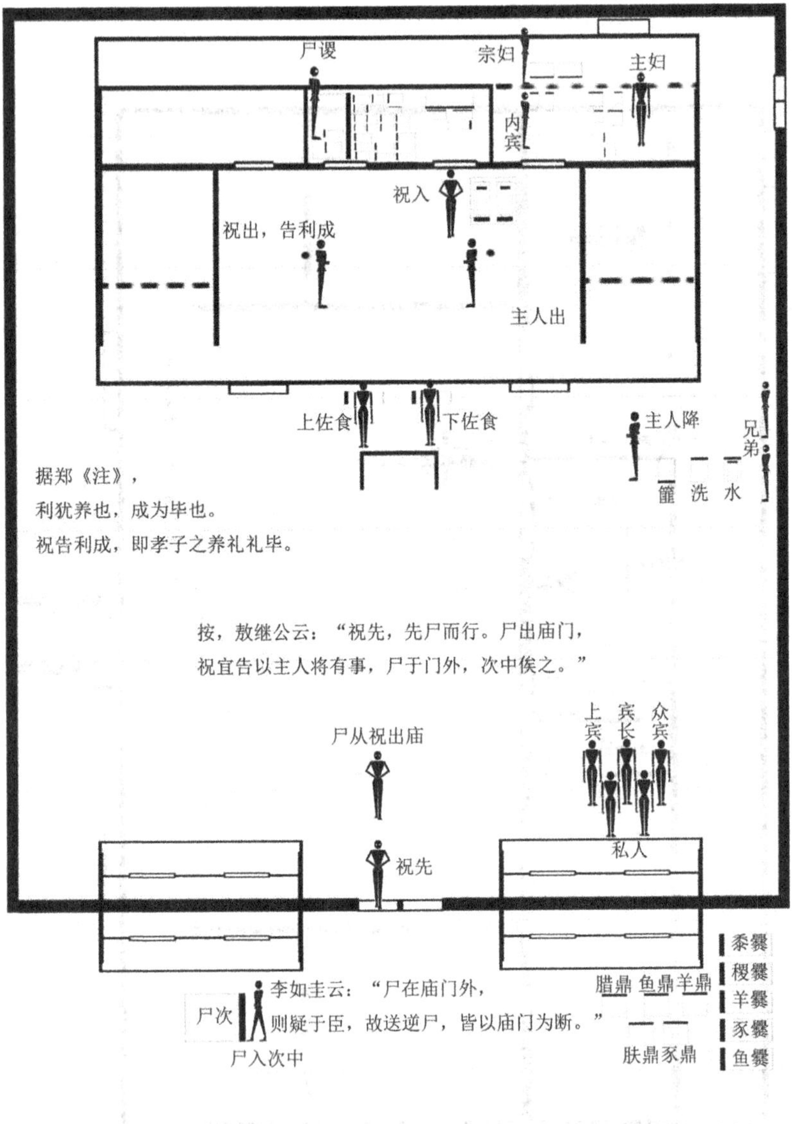

16－21－1　**祭毕尸出庙图**

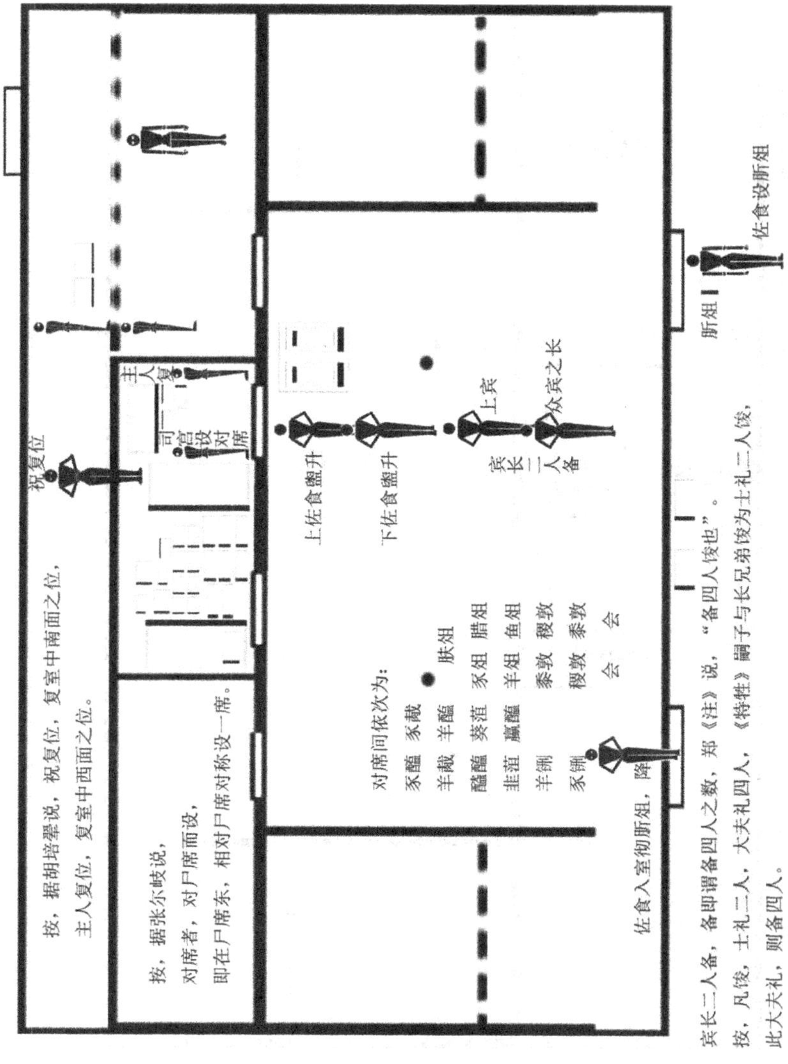
按，据胡培翚说，祝复位，复室中南面之位，
主人复位，复室中西面之位。
按，据张尔岐说，
对席者，对尸席而设，
即在尸席东，相对尸席对称设一席。
祝复位
主人复
司宫设对席
上佐食盥升
下佐食盥升
宾长二人备
上宾
众宾之长
对席间依次为：
豕醢 豕胾
羊胾 羊醢 肤俎
醓醢 葵菹 豕俎 腊俎
韭菹 蠃醢 羊俎 鱼俎
羊铏 黍敦 稷敦
豕铏 稷敦 黍敦
会 会
佐食入室彻肵俎，降
肵俎
佐食设肵俎
宾长二人备，备即谓备四人之数，郑《注》说，“备四人侅也”。
按，凡侅，士礼二人，大夫礼四人，《特牲》嗣子与长兄弟侅为士礼二人侅，
此大夫礼，则备四人。

16－22－1 **馁图一**

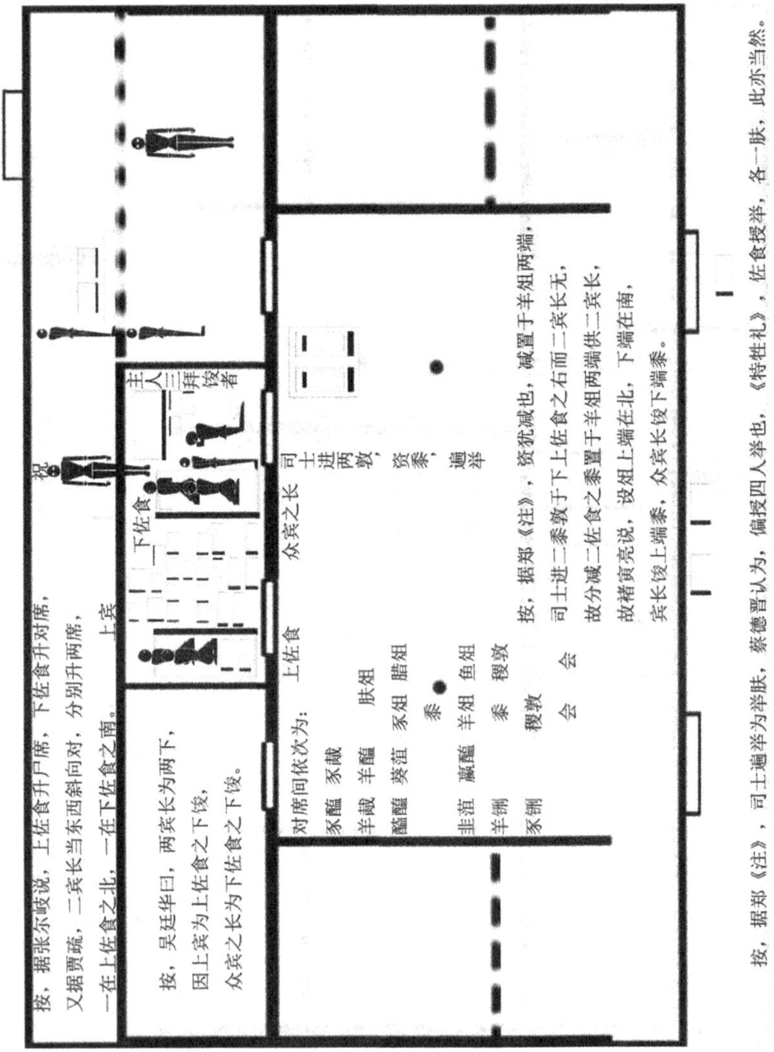
按，据张尔岐说，上佐食升尸席，下佐食升对席，
又据贾疏，二宾长当东西斜向对，分别升两席，
一在上佐食之北，一在下佐食之南。
祝
上宾
下佐食
主人三拜馂者
上佐食
众宾之长
司士进两敦，资黍，遍举
按，吴廷华曰，两宾长为两下，
因上宾为上佐食之下馂，
众宾之长为下佐食之下馂。
对席间依次为：
豕醢 豕胾
羊胾 羊醢 肤俎
醓醢 葵菹 豕俎 腊俎
黍
韭菹 蠃醢 羊俎 鱼俎
羊铏 黍 稷敦
豕铏 稷敦
会 会
按，据郑《注》，资犹减也，减置于羊俎两端，
司士进二黍敦于下上佐食之右而二宾长无，
故分减二佐食之黍置于羊俎两端供二宾长，
故褚寅亮说，设俎上端在北，下端在南，
宾长馂上端黍，众宾长馂下端黍。
按，据郑《注》，司士遍举为举肤，蔡德晋认为，偏授四人举也，《特牲礼》，佐食授举，各一肤，此亦当然。

16－22－2 **馂图二**

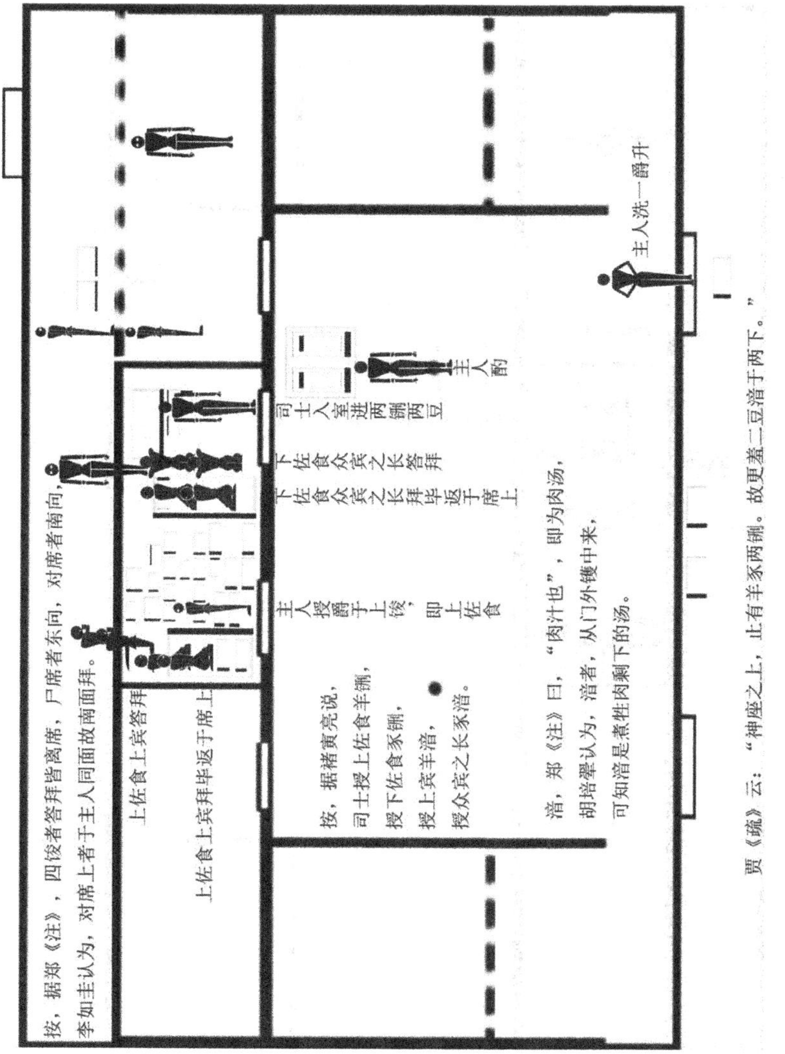
按，据郑《注》，四馂者答拜皆离席，尸席者东向，对席者南向，
李如主认为，对席上者于主人同面故南面拜。
上佐食上宾答拜
上佐食上宾拜毕返于席上
主人授爵于上馂，即上佐食
下佐食众宾之长拜毕返于席上
下佐食众宾之长答拜
司士人室进两铏两豆
主人酌
主人洗一爵升
按，据褚寅亮说，
司士授上佐食羊铏，
授下佐食豕铏，
授上宾羊湆，
授众宾之长豕湆。
湆，郑《注》曰，“肉汁也”，即为肉汤，
胡培翚认为，湆者，从门外镬中来，
可知湆是煮牲肉剩下的汤。
贾《疏》云：“神座之上，止有羊豕两铏。故更羞二豆湆于两下。”

16－22－3　馂图三

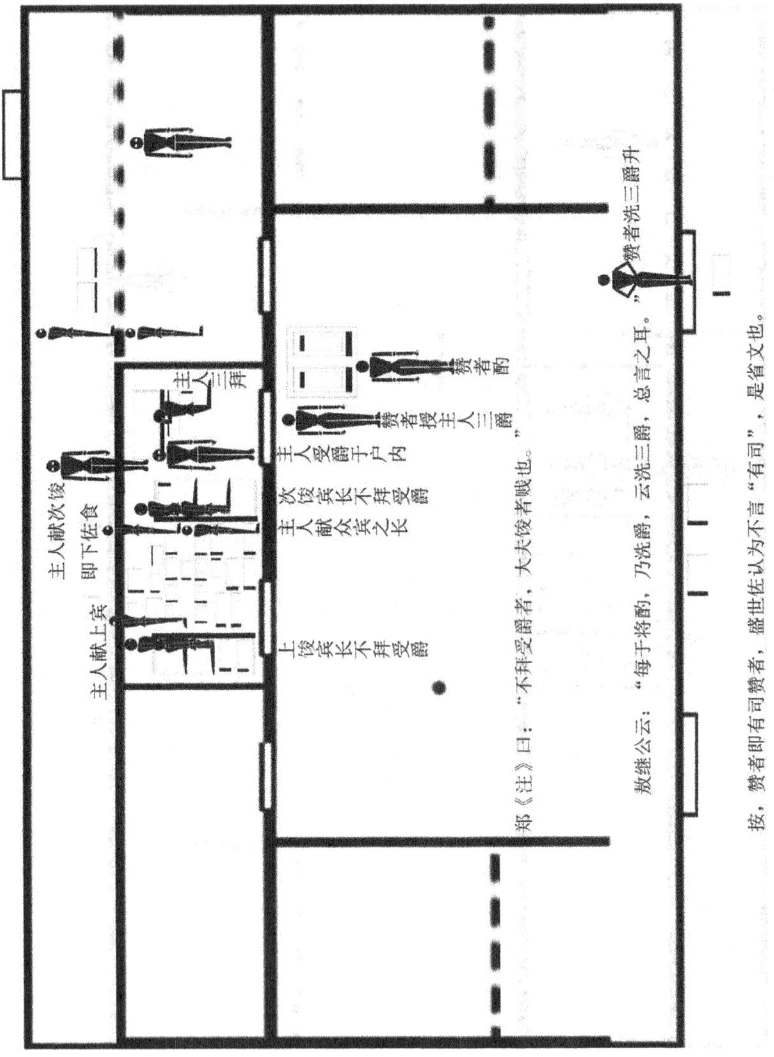
主人献次馂
即下佐食
主人献上宾
主人三拜
主人受爵于户内
次馂宾长不拜受爵
主人献众宾之长
上馂宾长不拜受爵
赞者授主人三爵
赞者酌
赞者洗三爵升
郑《注》曰："不拜受爵者，大夫馂者贱也。"
敖继公云："每于将酌，乃洗爵，云洗三爵，总言之耳。"
按，赞者即有司赞者，盛世佐认为不言"有司"，是省文也。

16－22－4 **馂图四**

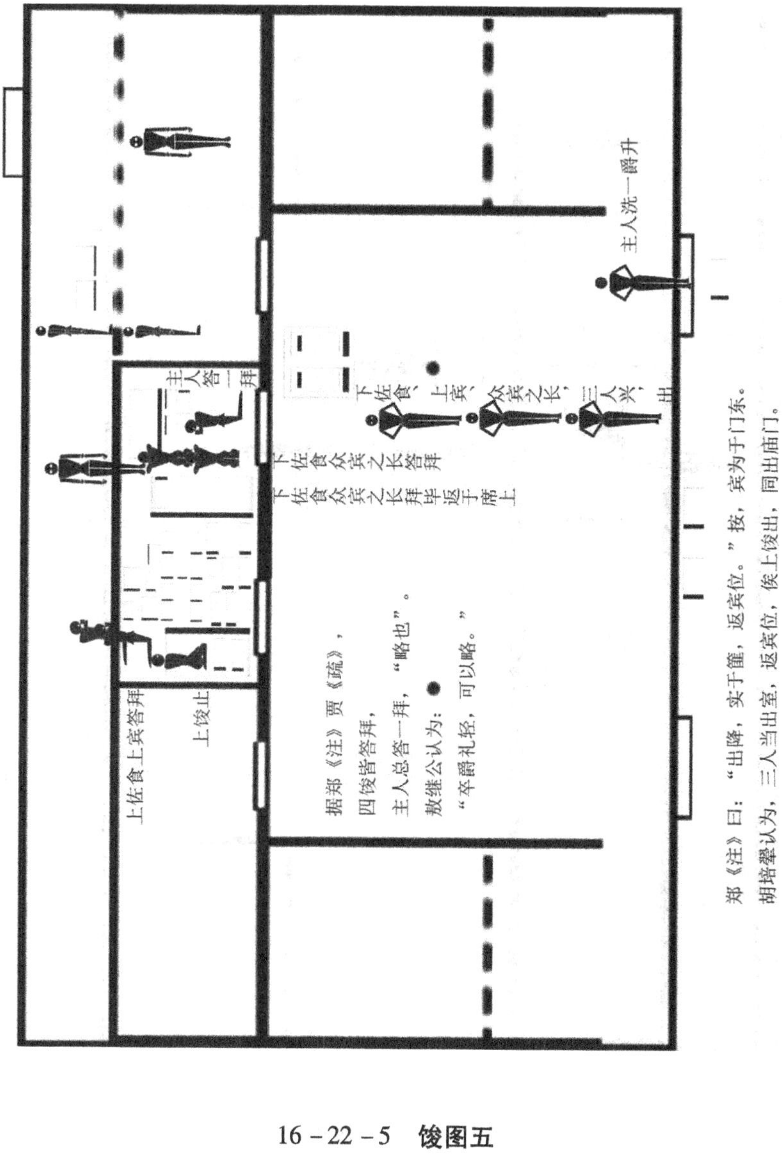
主人洗一爵升
主人答一拜
下佐食、上宾、众宾之长、三人兴，出
下佐食众宾之长答拜
下佐食众宾之长拜毕返于席上
上佐食上宾答拜
上馂止
据郑《注》贾《疏》，
四馂皆答拜，
主人总答一拜，“略也”。
敖继公认为：
“卒爵礼轻，可以略。”
郑《注》曰：“出降，实于篚，返宾位。”按，宾为于门东。
胡培翚认为，三人当出室，返宾位，俟上馂出，同出庙门。

16－22－5 **馂图五**

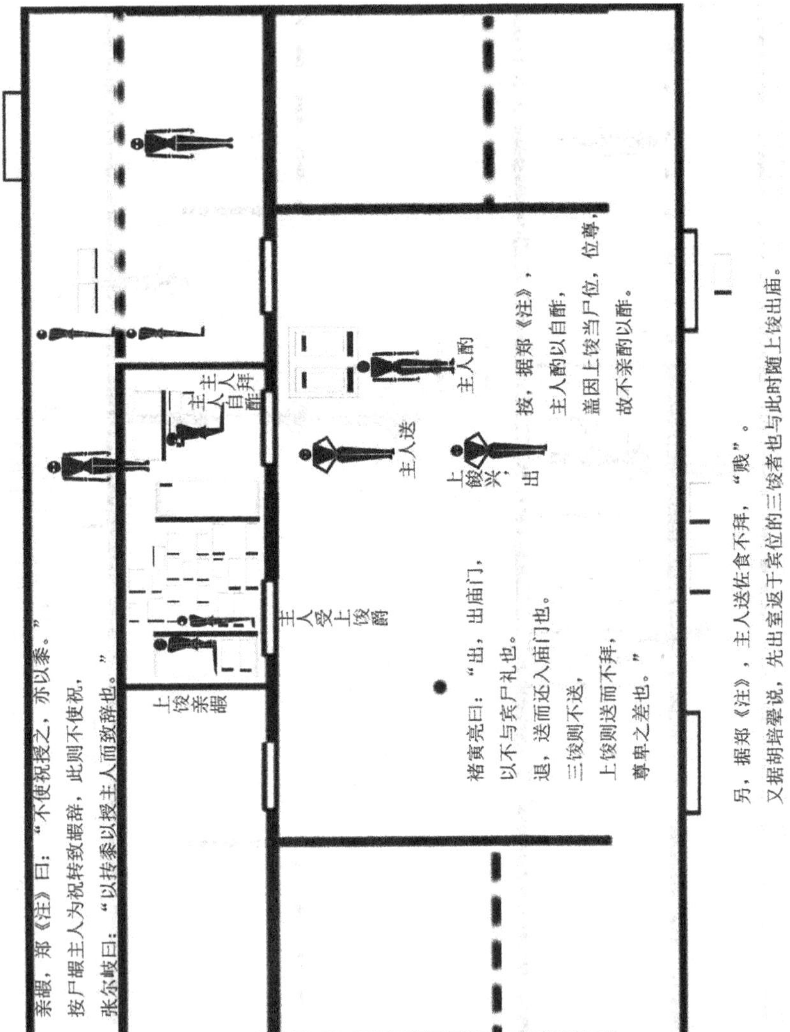
亲嘏，郑《注》曰："不使祝授之，亦以黍。"
按尸嘏主人为祝转致嘏辞，此则不使祝，
张尔岐曰："以抟黍以授主人而致辞也。"
上馂亲嘏
主人受上馂爵
主人自酢
主人拜
主人送
主人酌
上馂兴，出
褚寅亮曰："出，出庙门，
以不与宾尸礼也。
退，送而还入庙门也。
三馂则不送，
上馂则送而不拜，
尊卑之差也。"
按，据郑《注》，
主人酌以自酢，
盖因上馂当尸位，位尊，
故不亲酌以酢。
另，据郑《注》，主人送佐食不拜，"贱"。
又据胡培翚说，先出室返于宾位的三馂者也与此时随上馂出庙。

16－22－6　**馂图六**

少牢馈食礼人物行事一览表

少牢馈食礼第十六																						
	一、礼前准备						二、正礼															
	1筮祭日	2筮尸宿尸宿诸官	3为期	4祭日视杀视涤	5羹定实鼎馔器	6将祭即位设几加勺载俎	7阴厌	8迎尸入妥尸	9尸十一饭是谓正祭	10主人献尸	11尸酢主人命祝致嘏	12主人献祝	13主人献两佐食初献礼竟	14主妇献尸	15尸酢主妇	16主妇献祝	17主妇献两佐食亚献礼竟	18宾长献尸	19尸醋宾长	20宾长献祝终献礼竟	21祭毕尸出庙	22馂
主人	致命	致命、宿尸	使宗人为期	就位		就位，迎鼎	盥手升堂，拜	拜尸	献肵俎，拜侑	洗爵、献尸	受爵、受嘏、哜嘏	献祝	献佐食								出室、下堂	归位，酌酒献佐食、宾长
宾长																		洗爵、献尸	受酒	献祝		升席祭、哜，受爵
	参见《特牲》附表，“众宾”一栏。																					
尸								入庙、盥手、安坐	祭、哜	受爵，祭、哜	酢主人，受嘏			受爵、祭、哜	酢主妇			受爵	酢宾长		出庙	
佐食						执俎，载牲	设俎，启敦		助祭，设铏		助祭，授尸嘏	设折俎	受酒食，祭		助祭		受酒，卒爵					彻俎，升席祭、哜，受爵，祝福主人

续表

少牢馈食礼第十六																						
	一、礼前准备						二、正礼															
	1 筮祭日	2 筮尸宿尸宿诸官	3 为期	4 祭日视杀视涤	5 羹定实鼎馔器	6 将祭即位设几加勺载俎	7 阴厌	8 迎尸入妥尸	9 尸十一饭是谓正祭	10 主人献尸	11 尸酢主人命祝致嘏	12 主人献祝	13 主人献两佐食初献礼竟	14 主妇献尸	15 尸酢主妇	16 主妇献祝	17 主妇献两佐食亚献礼竟	18 宾长献尸	19 尸醋宾长	20 宾长献祝终献礼竟	21 祭毕尸出庙	22 馂
宰	命备酒																					
	大夫家臣中地位最尊者，胡匡衷认为由士担任。大夫的宰分为两种，一为家宰，一为邑宰，职责甚多甚广，《仪礼》中主要为辅佐家主行礼事。																					
宗人	命涤器		请期，告期	告具		使宾进		捧槃、匜、浇水盥尸，授巾														
	据杨伯峻言，为“掌宗室礼仪者”。胡匡衷认为其相当于《周礼》所记载的家宗人之职，并当由士担任，主要职责就是协助主人行礼事。																					
祝		为摈者，相礼，告尸				设几	盥手，酌酒，命佐食，代主人祝	迎尸，升尸，拜	侑尸	受尸空爵	酌酒授尸，受尸啬，代主人致辞，受主人啬	受酒食，祭、哜		受尸空爵	洗爵，酌酒授尸	受酒		受尸空爵	酌酒授尸	受酒，祭、哜	告利成，导尸出庙	归位，命彻俎
	任职于大夫的家臣，主要职责是为家主祝告，于礼事中亦会佐其行礼事（详见《仪礼释官》卷六）。																					

续表

<table>
<tr><th colspan="23">少牢馈食礼第十六</th></tr>
<tr><th rowspan="2"></th><th colspan="6">一、礼前准备</th><th colspan="16">二、正礼</th></tr>
<tr><th>1 筮祭日</th><th>2 筮尸宿尸宿诸官</th><th>3 为期</th><th>4 祭日视杀视涤</th><th>5 饔定实鼎馔器</th><th>6 将祭即位设几加勺载俎</th><th>7 阴厌</th><th>8 迎尸入妥尸</th><th>9 尸十一饭是谓正祭</th><th>10 主人献尸</th><th>11 尸酢主人命祝致嘏</th><th>12 主人献祝</th><th>13 主人献两佐食初献礼竟</th><th>14 主妇献尸</th><th>15 尸酢主妇</th><th>16 主妇献祝</th><th>17 主妇献两佐食亚献礼竟</th><th>18 宾长献尸</th><th>19 尸醋宾长</th><th>20 宾长献祝终献礼竟</th><th>21 祭毕尸出庙</th><th>22 馂</th></tr>
<tr><td rowspan="2">小祝</td><td></td><td></td><td></td><td></td><td>设槃、匜、巾</td><td></td><td></td><td></td><td></td><td></td><td></td><td></td><td></td><td></td><td></td><td></td><td></td><td></td><td></td><td></td><td></td><td></td></tr>
<tr><td colspan="22">任职于大夫的家臣，是祝之佐，在礼仪中负责陈设设槃匜、巾（详见《仪礼释官》卷六）。</td></tr>
<tr><td rowspan="2">史</td><td>占筮</td><td></td><td></td><td></td><td></td><td></td><td></td><td></td><td></td><td></td><td></td><td></td><td></td><td></td><td></td><td></td><td></td><td></td><td></td><td></td><td></td><td></td></tr>
<tr><td colspan="22">亦称筮史，是任职于大夫的家臣，主要负责为家主占筮（详见《仪礼释官》卷六）。</td></tr>
<tr><td rowspan="2">卦者</td><td>记卦</td><td></td><td></td><td></td><td></td><td></td><td></td><td></td><td></td><td></td><td></td><td></td><td></td><td></td><td></td><td></td><td></td><td></td><td></td><td></td><td></td><td></td></tr>
<tr><td colspan="22">任职于大夫的家臣，是筮史之属，主要负责在筮史占筮时为其记卦（详见《仪礼释官》卷六）。</td></tr>
<tr><td rowspan="2">宰夫</td><td></td><td></td><td></td><td></td><td></td><td></td><td></td><td></td><td></td><td></td><td>受主人啇</td><td></td><td></td><td></td><td></td><td></td><td></td><td></td><td></td><td></td><td></td><td></td></tr>
<tr><td colspan="22">任职于大夫的家臣，主要负责为家主掌管食物，亦负责在礼仪中佐家主行礼事，为礼仪陈设布置等（详见《仪礼释官》卷六）。</td></tr>
<tr><td rowspan="2">司马</td><td></td><td></td><td></td><td>杀羊</td><td>升羊</td><td></td><td></td><td></td><td></td><td></td><td></td><td></td><td></td><td></td><td></td><td></td><td></td><td></td><td></td><td></td><td></td><td></td></tr>
<tr><td colspan="22">任职于大夫的家臣，本职是为家主掌管采邑军赋。礼仪中负责为家主掌管祭祀所用的牲肉，胡匡衷认为其亦兼有“羊人”之职（详见《仪礼释官》卷六）。</td></tr>
<tr><td rowspan="2">司士</td><td></td><td></td><td></td><td>杀豕</td><td>升豕、鱼、腊</td><td>执俎，载牲</td><td>设俎</td><td></td><td></td><td></td><td></td><td></td><td></td><td></td><td></td><td></td><td></td><td></td><td></td><td></td><td></td><td>进食</td></tr>
<tr><td colspan="22">任职于大夫的家臣，为司马之属，礼仪中负责为家主掌管祭祀所用的牲肉（详见《仪礼释官》卷六）。</td></tr>
</table>

续表

少牢馈食礼第十六																						
	一、礼前准备						二、正礼															
	1筮祭日	2筮尸宿尸宿诸官	3为期	4祭日视杀视涤	5羹定实鼎馔器	6将祭即位设几加勺载俎	7阴厌	8迎尸入妥尸	9尸十一饭是谓正祭	10主人献尸	11尸酢主人命祝致嘏	12主人献祝	13主人献两佐食初献礼竟	14主妇献尸	15尸酢主妇	16主妇献祝	17主妇献两佐食亚献礼竟	18宾长献尸	19尸醋宾长	20宾长献祝终献礼竟	21祭毕尸出庙	22馂
雍人				涤，陈设	陈鼎，置伦肤																	
	任职于大夫的家臣，负责为主人掌管宰割牲肉陈设鼎俎等事。																					
雍正						执一匕入庙																
	雍人之长。																					
雍府						执四匕入庙																
	雍人之佐。																					
廪人				涤，陈设																		
	任职于大夫大家臣，郑玄认为他是为家主“掌米入之藏者”，即负责为主人掌管粮仓和炒黍稷。在礼仪中廪人负责清洗礼器（详见《仪礼释官》卷六）。																					

续表

少牢馈食礼第十六																						
	一、礼前准备						二、正礼															
	1 筮祭日	2 筮尸宿尸宿诸官	3 为期	4 祭日视杀视涤	5 羹定实鼎馔器	6 将祭即位设几加勺载俎	7 阴厌	8 迎尸入妥尸	9 尸十一饭是谓正祭	10 主人献尸	11 尸酢主人命祝致嘏	12 主人献祝	13 主人献两佐食初献礼竟	14 主妇献尸	15 尸酢主妇	16 主妇献祝	17 主妇献两佐食亚献礼竟	18 宾长献尸	19 尸酳宾长	20 宾长献祝终献礼竟	21 祭毕尸出庙	22 馂
司士赞者						执俎																
	任职于主人的家臣，负责佐主人行礼事。此处应为被主人临时指派以助司士者。《仪礼》中的赞者皆非一个严谨准确的职务名称，而是一类行佐别人行礼事者的统称。故以下将不再解释。																					
司宫				涤，陈设	设瓮、罍	布席，洗勺设勺																设对席
	为大夫摄官（详见《仪礼释官》卷六），即在礼事中大夫令属吏暂时行司宫之执事，具体负责为家主清洗陈设礼器。																					
士						抬鼎入庙																
	胡培翚曰："有司之属也。"																					
有司	涤器、备酒			陈设								进菹醢、牢肝										
有司赞者														取爵		受妇空爵，取爵授主妇						洗爵，授与主人

续表

少牢馈食礼第十六																						
	一、礼前准备						二、正礼															
	1 筮祭日	2 筮尸宿尸宿诸官	3 为期	4 祭日视杀视涤	5 羹定实鼎馔器	6 将祭即位设几加勺载俎	7 阴厌	8 迎尸入妥尸	9 尸十一饭是谓正祭	10 主人献尸	11 尸酢主人命祝致嘏	12 主人献祝	13 主人献两佐食初献礼竟	14 主妇献尸	15 尸酢主妇	16 主妇献祝	17 主妇献两佐食亚献礼竟	18 宾长献尸	19 尸醋宾长	20 宾长献祝终献礼竟	21 祭毕尸出庙	22 馂
主妇							献菹醢，黍稷							洗爵、献尸	受爵、祭、哜	洗爵、受祝	献佐食，受空爵					
主妇赞者							授菹醢，黍稷							取爵		受妇空爵，取爵授主妇						
	宗妇而赞主妇行礼事者。																					
附注	1196	1196—1197	1197		1197—1198	1198—1199	1200—1201	1201	1201—1202	1202		1202—1203	1203									1203—1204

少牢馈食礼所涉礼例一览表

			主要礼例							
			通例上第一	通例下第二	饮食之例上第三	饮食之例中第四	饮食之例下第五	祭例上第九	祭例下第十	杂例第十三
少牢馈食礼第十六	一、礼前准备	1 筮祭日		2-6						13-12 13-13
		2 筮尸宿尸宿诸官	1-8 1-14 1-17	2-6 2-8						13-12 13-13
		3 为期		2-6						
		4 祭日视杀视涤		2-6 2-14 2-15 2-19			5-13 5-14 5-16 5-17			
		5 羹定实鼎馔器		2-6 2-20			5-13 5-14 5-16 5-17			
		6 将祭即位设几加勺载俎	1-7	2-2 2-6 2-10 2-21			5-12 5-13 5-14 5-16 5-17	9-4		
	二、正礼	7 阴厌	1-7 1-9 1-14	2-2 2-6 2-10		4-13		9-8	10-7	
		8 迎尸入妥尸	1-7 1-9 1-14	2-2 2-6 2-10				9-14	10-14 10-15	
		9 尸十一饭是谓正祭	1-7 1-9 1-14	2-2 2-6	3-7 3-10 3-11 3-14	4-18	5-5 5-6 5-7 5-8 5-9	9-1 9-2 9-3 9-5 9-6	10-7 10-14 10-15	
		10 主人献尸	1-7 1-9 1-14	2-2 2-6	3-1 3-6 3-7 3-10 3-11 3-14	4-10 4-18	5-5 5-6 5-7 5-8 5-9	9-10 9-12	10-14 10-15	

续表

			主要礼例							
			通例上第一	通例下第二	饮食之例上第三	饮食之例中第四	饮食之例下第五	祭例上第九	祭例下第十	杂例第十三
少牢馈食礼第十六	二、正礼	11 尸酢主人命祝致嘏	1–7 1–9 1–14	2–2 2–6 2–10	3–2 3–10 3–11 3–12 3–14	4–10 4–18	5–5 5–6 5–7 5–8 5–9	9–7	10–14 10–15	
		12 主人献祝	1–7 1–9 1–14	2–6 2–21	3–1 3–6 3–7 3–10 3–11 3–14 3–18	4–10 4–18	5–5 5–6 5–7 5–8 5–9	9–11 9–12	10–14 10–15	
		13 主人献两佐食初献礼竟	1–7 1–9 1–14	2–6	3–1 3–6 3–7 3–10 3–11 3–14 3–18	4–10 4–18	5–5 5–6 5–7 5–8 5–9	9–11	10–14 10–15	
		14 主妇献尸	1–7 1–9 1–14 1–15 1–16	2–6	3–1 3–6 3–7 3–10 3–11 3–14	4–10 4–18	5–5 5–6 5–7 5–8 5–9 5–11	9–10 9–12	10–7 10–14 10–15	
		15 尸酢主妇	1–7 1–9 1–14 1–15 1–16	2–6	3–2 3–10 3–11 3–12 3–14	4–10 4–18	5–5 5–6 5–7 5–8 5–9 5–11	9–7	10–14 10–15	
		16 主妇献祝	1–7 1–9 1–14 1–15 1–16	2–6	3–1 3–6 3–7 3–10 3–11 3–14 3–18	4–10 4–18	5–5 5–6 5–7 5–8 5–9 5–11	9–11 9–12	10–14 10–15	

续表

			主要礼例							
			通例上第一	通例下第二	饮食之例上第三	饮食之例中第四	饮食之例下第五	祭例上第九	祭例下第十	杂例第十三
少牢馈食礼第十六	二、正礼	17 主妇献两佐食亚献礼竟	1-7 1-9 1-14 1-15 1-16	2-6	3-1 3-6 3-7 3-10 3-11 3-14 3-18	4-10 4-18	5-5 5-6 5-7 5-8 5-9 5-11	9-11	10-14 10-15	
		18 宾长献尸	1-7 1-9 1-14	2-6	3-1 3-6 3-7 3-10 3-11 3-14	4-10 4-18	5-5 5-6 5-7 5-8 5-9	9-10 9-12	10-5 10-14 10-15	
		19 尸酢宾长	1-7 1-9 1-14	2-6	3-2 3-10 3-11 3-12 3-14	4-10 4-18	5-5 5-6 5-7 5-8 5-9		10-14 10-15	
		20 宾长献祝终献礼竟	1-7 1-9 1-14	2-6	3-1 3-6 3-7 3-10 3-11 3-14 3-18	4-10 4-18	5-5 5-6 5-7 5-8 5-9	9-11 9-12	10-14 10-15	
		21 祭毕尸出庙	1-7	2-6		4-18	5-5 5-6 5-7 5-8 5-9		10-14 10-15 10-16	
		22 馂	1-7 1-9 1-13 1-14 1-18	2-6 2-21	3-1 3-6 3-7 3-10 3-11 3-14	4-18	5-5 5-6 5-7 5-8 5-9	9-13		

[注释]

[1-7] 凡升阶皆连步，唯公所辞则栗阶。

[1－8] 凡门外之拜皆东西面，堂上之拜皆北面。

[1－9] 凡室中、房中拜以西面为敬，堂下拜以北面为敬。

[1－13] 凡拜送之礼，送者拜，去者不答拜。

[1－14] 凡丈夫之拜坐，妇人之拜兴；丈夫之拜奠爵，妇人之拜执爵。

[1－15] 凡妇人于丈夫皆侠拜。

[1－16] 凡妇人重拜皆扱地。

[1－17] 凡推手曰揖，引手曰厌。

[1－18] 凡送宾，主人敌者于大门外，主人尊者于大门内。

[2－2] 凡授受之礼，相向者谓之讶授受。

[2－6] 凡佐礼者，在主人曰摈，在客曰介。

[2－8] 凡戒宾、宿宾，宿者必先戒，礼杀者则不宿。

[2－10] 凡礼盛者必先盥。

[2－14] 凡庭洗设于阼阶东南，南北以堂深，天子诸侯当东溜，卿大夫士当东荣，水在洗东。

[2－15] 凡内洗设于北堂上，南北直室东隅，东西直房户与隅间。

[2－19] 凡堂下之篚，在洗西，南肆。

[2－20] 凡陈鼎，大夫士，门外北面，北上；诸侯，门外南面，西上。反吉，则西面。

[2－21] 凡设席，南向北向，于神则西上，于人则东上；东向西向，于神则南上，于人则北上。

[3－1] 凡主人进宾之酒谓之献。

[3－2] 凡宾报主人之酒谓之酢。

[3－6] 凡献酒皆有荐，礼盛者则设俎。

[3－7] 凡荐脯醢在升席先，设俎在升席后。

[3－10] 凡啐酒于席末，告旨则降席拜。

[3－11] 凡献酒，礼盛者受爵告旨，卒爵皆拜，酢主人；礼杀者不拜告旨；又杀者不酢主人。

[3－12] 凡酢如献礼，崇酒，不告旨；礼杀者，则以虚爵授之。

[3－14] 凡礼盛者坐卒爵，礼杀者立卒爵。

[3－18] 凡献工与笙于阶上，献获者与释获者于堂下，献祝与佐食于室中。

[4－10] 凡奠爵，将举者于右，不举者于左。

[4－13] 凡设馔以豆为本。

[4－18] 凡食礼有豆无笾；饮酒之礼豆笾皆有。

[5－5] 凡执爵皆左手，祭荐皆右手。

[5－6] 凡祭荐者坐，祭俎者兴；祭荐者执爵，祭俎者奠爵。

[5－7] 凡祭荐不捝手；祭俎则捝手。

[5－8] 凡祭酒，礼盛者啐酒，不盛者不啐酒，祭肺，礼盛者祭肺，不盛者不祭肺。

[5－9] 凡祭皆于笾豆之间，或上豆之间。

[5－11] 凡饮酒，君臣不相袭爵，男女不相袭爵。

[5－12] 凡脯醢谓之荐，出自东房。

[5－13] 凡牲皆用右胖，唯变礼反吉用左胖。

[5－14] 凡牲二十一体，谓之体解。

[5－16] 凡肺皆有二，一举肺，一祭肺。

[5－17] 凡牲，杀曰饔，生曰饩；饔之属皆陈于堂上下，饩之属皆陈于门内外。

[9－1] 凡士祭，尸九饭；大夫祭，尸十一饭。

[9－2] 凡尸饭，举脊为食之始；举肩为食之终。

[9－3] 凡尸所食，皆加于肵俎，若虞祭则以篚代之。

[9－4] 凡肵俎皆载心舌，尸未入，先设于阼阶西。

[9－5] 凡尸所食之肺脊，必先奠于菹豆，尸卒食，佐食始受之，加于肵俎。

[9－6] 凡尸未食前之祭，谓之堕祭，又谓之挼祭。

[9－7] 凡主人受尸嘏挼祭，尸酢主人主妇亦挼祭。

[9－8] 凡尸未入室之前，设馔于奥，谓之阴厌。

[9－10] 凡卒食酳尸，皆主人初献，主妇亚献，宾长三献。

[9－11] 凡献尸毕，皆献祝及佐食。

[9－12] 凡主人初献，从俎皆以肝；主妇亚献、宾长三献；从俎皆以燔；主人、主妇献祝亦如之。

[9－13] 凡馂，士礼二人，大夫礼四人，馂毕亦有献酢。

[9－14] 凡祭，尸不就洗，别设槃匜待之。

[10－5] 凡致爵，皆在宾三献之间，加爵亦致。若傧尸，则于堂上献尸侑时，行之。

[10－7] 凡祭，阴厌则荐豆设俎，尸饭则加豆，亚献则荐笾；若将傧尸，则正献不荐。

[10－14] 凡正祭于室，傧尸则于堂。

[10－15] 凡尸在室中皆东面；在堂上则南面。

[10－16] 凡祭毕告利成，士礼则祝、主人立于户外；大夫礼则祝、主人立于阶上。

[13－12] 凡卜筮皆于庙门，唯将葬则于兆南。

[13－13] 凡筮，士坐筮；卿大夫立筮。

少牢馈食礼所涉方位图一览表[1]

			杨复《仪礼图》	张惠言《仪礼图》	黄以周《礼书通故》	吴之英《寿栎庐仪礼奭固礼事图》	陈祥道《礼书》
少牢馈食礼第十六	一、礼前准备	1 筮祭日				筮日 381	
		2 筮尸宿尸宿诸官				筮尸 381 宿尸 382	
		3 为祭期				为期 382	
		4 祭日视杀视涤	杀生概器实鼎图 284	视杀视濯 1747	视杀视濯 2240	视杀 383 概馔 383	
		5 羹定实鼎馔器		羹定官馔 1747	羹定官馔 2241	实鼎 384 设馔 384	
		6 将祭即位设几加勺载俎	即位筵几举鼎币载图 285—286			迎鼎 385 载斯俎 385 升载 386	
	二、少牢正礼	7 阴厌	阴厌图 287	直祭 1748	直祭 2242	荐设 386	
		8 迎尸入妥尸	迎尸正祭及酳尸图 288 尸醋主人图 289	尸入酳尸献祝佐食 1748	酳尸酢主人献祝佐食 2243	迎尸 387	大夫馈食仪 513
		9 尸十一饭是谓正祭				尸食初告饱 387 尸再告饱 388 尸卒食 388	

续表

			杨复《仪礼图》	张惠言《仪礼图》	黄以周《礼书通故》	吴之英《寿栎庐仪礼奭固礼事图》	陈祥道《礼书》
少牢馈食礼第十六	二、少牢正礼	10 主人献尸	主人献祝及二佐食图 290	尸入酳尸献祝佐食 1748	酳尸酢主人献祝佐食 2243	主人酳尸 389	大夫馈食仪 513
		11 尸酢主人命祝致嘏				尸命祝嘏 389	
		12 主人献祝				主人献祝 390	
		13 主人献两佐食初献礼竟				主人献上佐食下佐食 390	
		14 主妇献尸	主妇献尸及祝二佐食图 291	主妇亚献献祝佐食 1749		主妇献尸 391	
		15 尸酢主妇					
		16 主妇献祝				主妇献祝 391	
		17 主妇献两佐食亚献礼竟				主妇献上佐食下佐食 392	

续表

			杨复《仪礼图》	张惠言《仪礼图》	黄以周《礼书通故》	吴之英《寿栎庐仪礼奭固礼事图》	陈祥道《礼书》
少牢馈食礼第十六	二、少牢正礼	18 宾长献尸	宾长献尸及祝图 291	宾长三献献祝 1749		宾长献尸 392	
		19 尸醋宾长					
		20 宾长献祝终献礼竟				宾献祝 393	
		21 祭毕尸出庙	祭毕尸出庙图 292	利成 1750		尸出返彻 393	
		22 馂	四人馂图 293	馂 1750	馂 2244	四人馂 394 酌馂 394 上馂嘏主人 395	

[注释]

〔1〕陈祥道《礼书》一列“大夫馈食仪 513”，指的是本图详见文渊阁版《四库全书》，上海古籍出版社，2002 年，第 130 册，第 513 页。

有　司

有司方位图

按，据褚寅亮说，傧尸于堂，室中无事矣，故凡室中之器物皆令有司彻之。

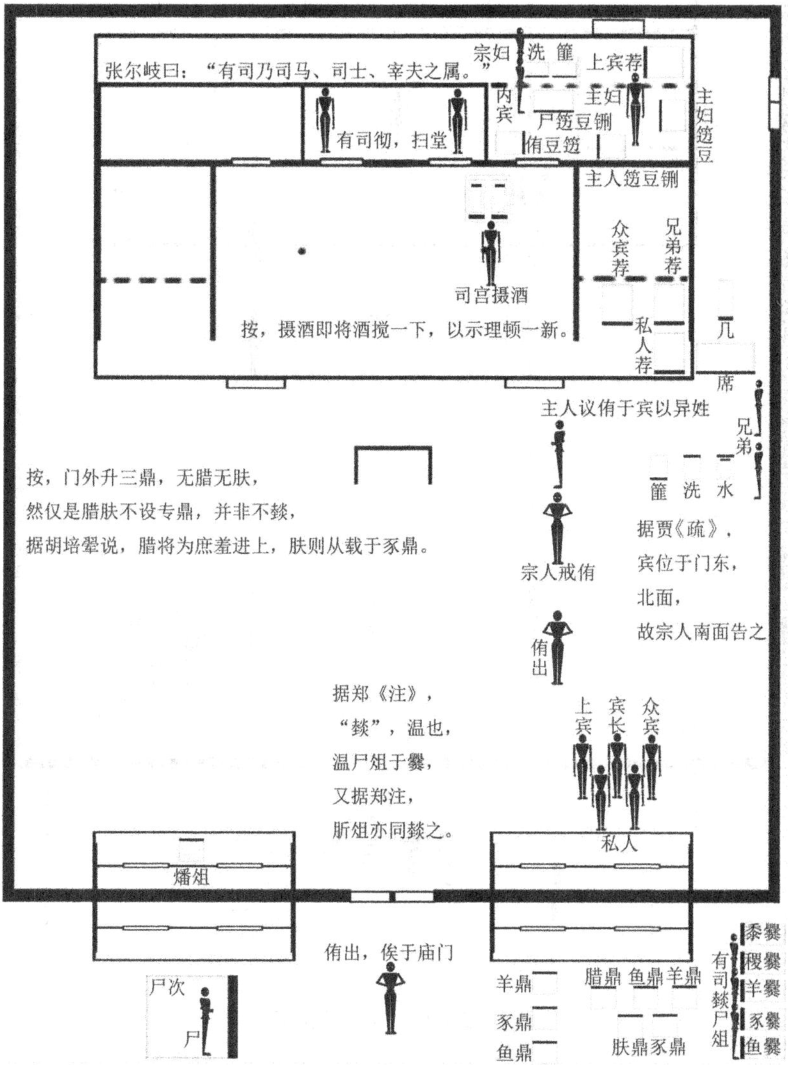

17－1－1 将傧尸以选侑图

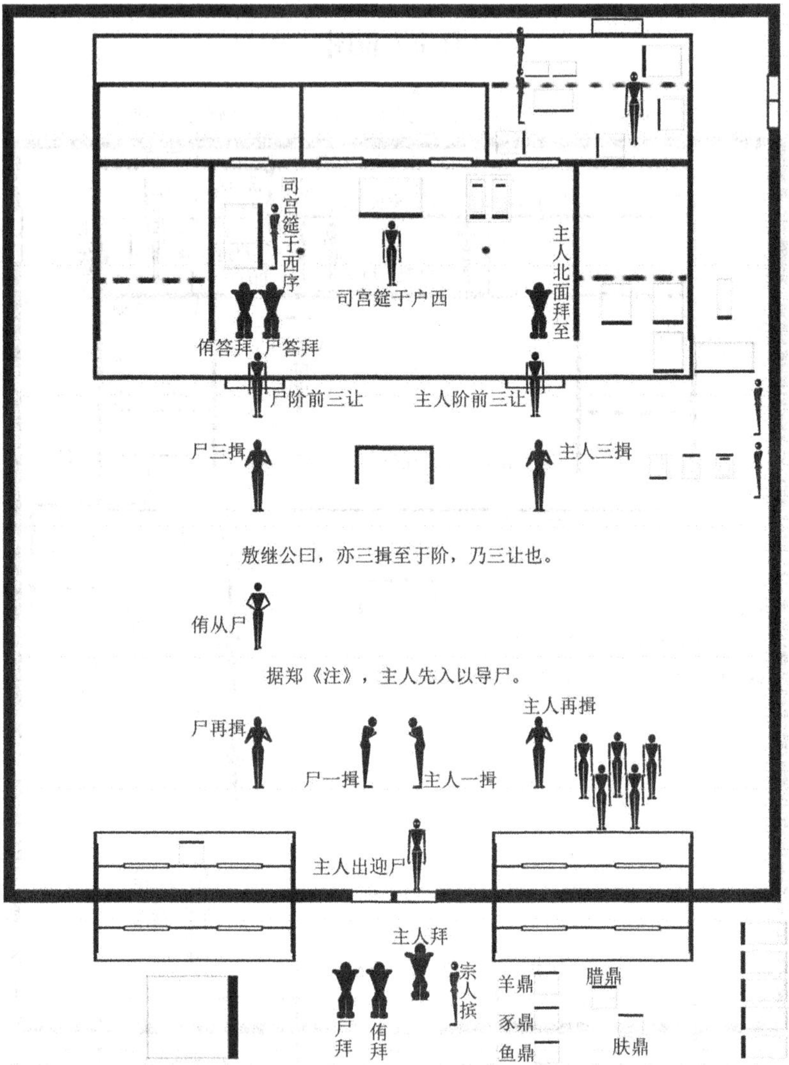
司宫筵于西序
司宫筵于户西
主人北面拜至
侑答拜
尸答拜
尸阶前三让
主人阶前三让
尸三揖
主人三揖
敖继公曰，亦三揖至于阶，乃三让也。
侑从尸
据郑《注》，主人先入以导尸。
主人再揖
尸再揖
尸一揖
主人一揖
主人出迎尸
主人拜
宗人摈
尸拜
侑拜
羊鼎
腊鼎
豕鼎
鱼鼎
肤鼎

17-2-1 **迎尸及侑图**

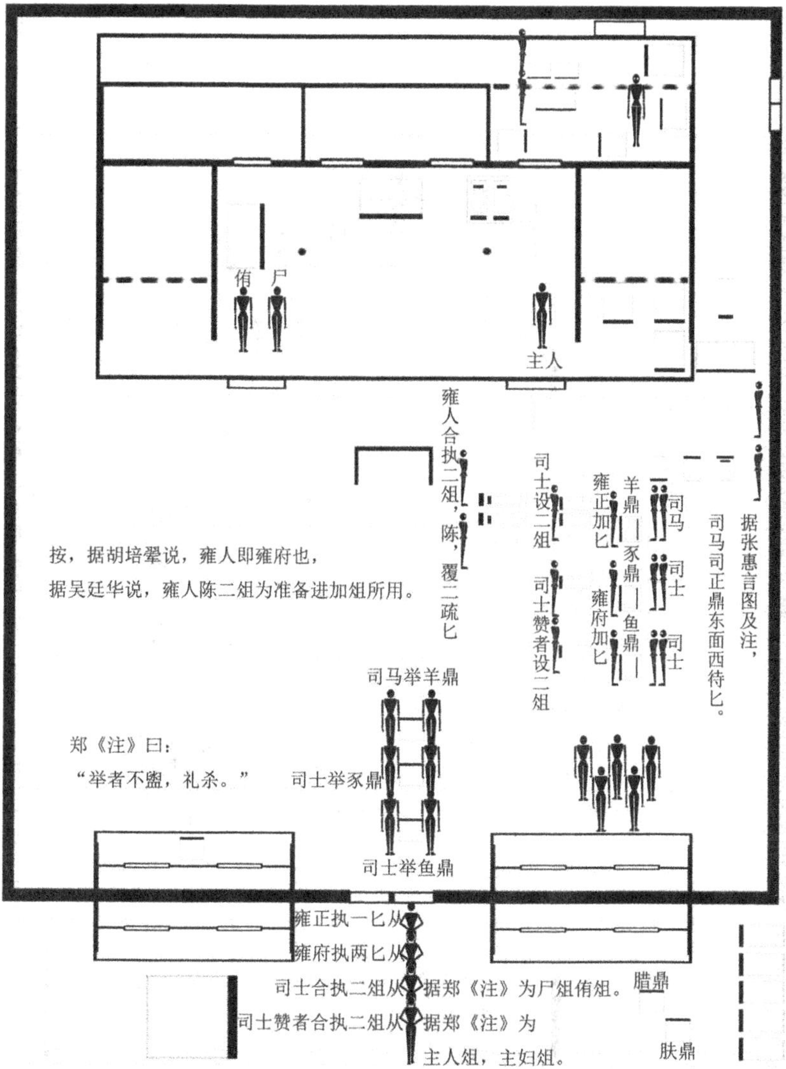

17－3－1　**陈鼎阶下设俎俟载图**

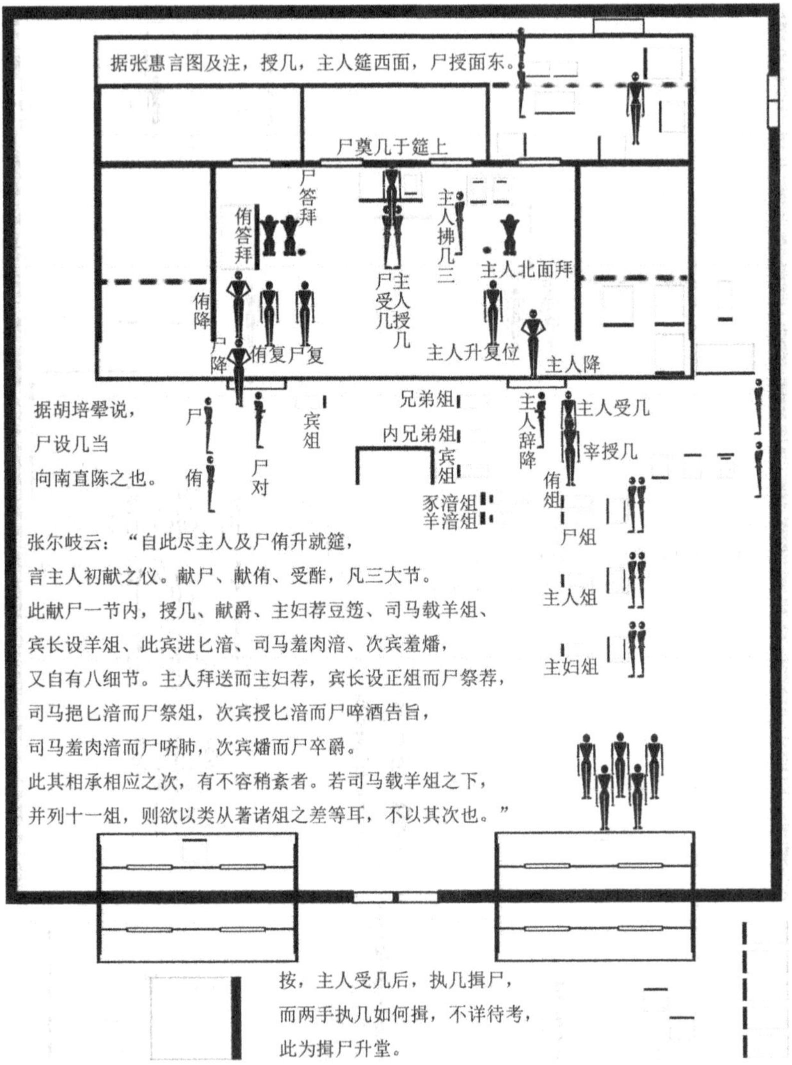
据张惠言图及注，授几，主人筵西面，尸授面东。
尸奠几于筵上
尸答拜
侑答拜
主人拂几三
主人北面拜
尸受几
主人授几
侑降
尸降
侑复尸复
主人升复位
主人降
据胡培翚说，
尸设几当
向南直陈之也。
尸
侑
尸对
宾俎
兄弟俎
内兄弟俎
宾俎
豕湇俎
羊湇俎
主人辞降
主人受几
宰授几
侑俎
尸俎
主人俎
主妇俎
张尔岐云：“自此尽主人及尸侑升就筵，
言主人初献之仪。献尸、献侑、受酢，凡三大节。
此献尸一节内，授几、献爵、主妇荐豆笾、司马载羊俎、
宾长设羊俎、此宾进匕湇、司马羞肉湇、次宾羞燔，
又自有八细节。主人拜送而主妇荐，宾长设正俎而尸祭荐，
司马挹匕湇而尸祭俎，次宾授匕湇而尸啐酒告旨，
司马羞肉湇而尸哜肺，次宾燔而尸卒爵。
此其相承相应之次，有不容稍紊者。若司马载羊俎之下，
并列十一俎，则欲以类从著诸俎之差等耳，不以其次也。”
按，主人受几后，执几揖尸，
而两手执几如何揖，不详待考，
此为揖尸升堂。

17-4-1 主人献尸图一

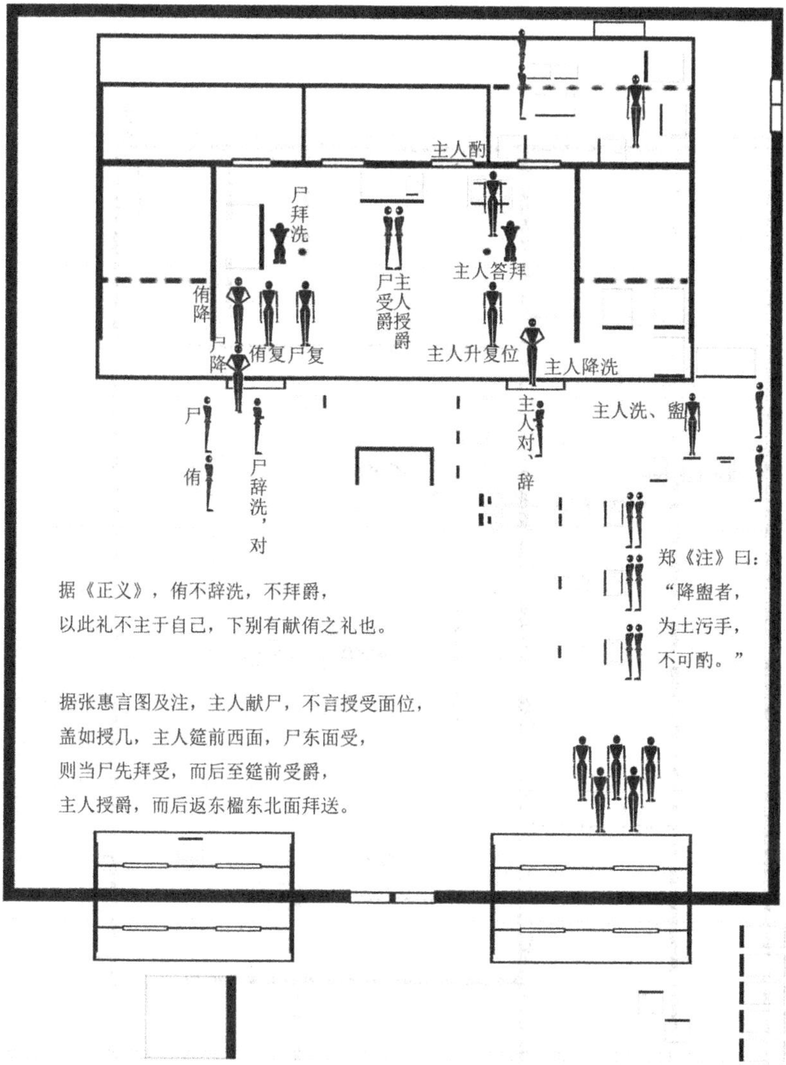
主人酌
尸拜洗
尸受爵
主人授爵
主人答拜
侑降
尸降
侑复尸复
主人升复位
主人降洗
尸
侑
尸辞洗，对
主人对、辞
主人洗、盥
郑《注》曰：“降盥者，为土污手，不可酌。”
据《正义》，侑不辞洗，不拜爵，以此礼不主于自己，下别有献侑之礼也。
据张惠言图及注，主人献尸，不言授受面位，盖如授几，主人筵前西面，尸东面受，则当尸先拜受，而后至筵前受爵，主人授爵，而后返东楹东北面拜送。

17－4－2　**主人献尸图二**

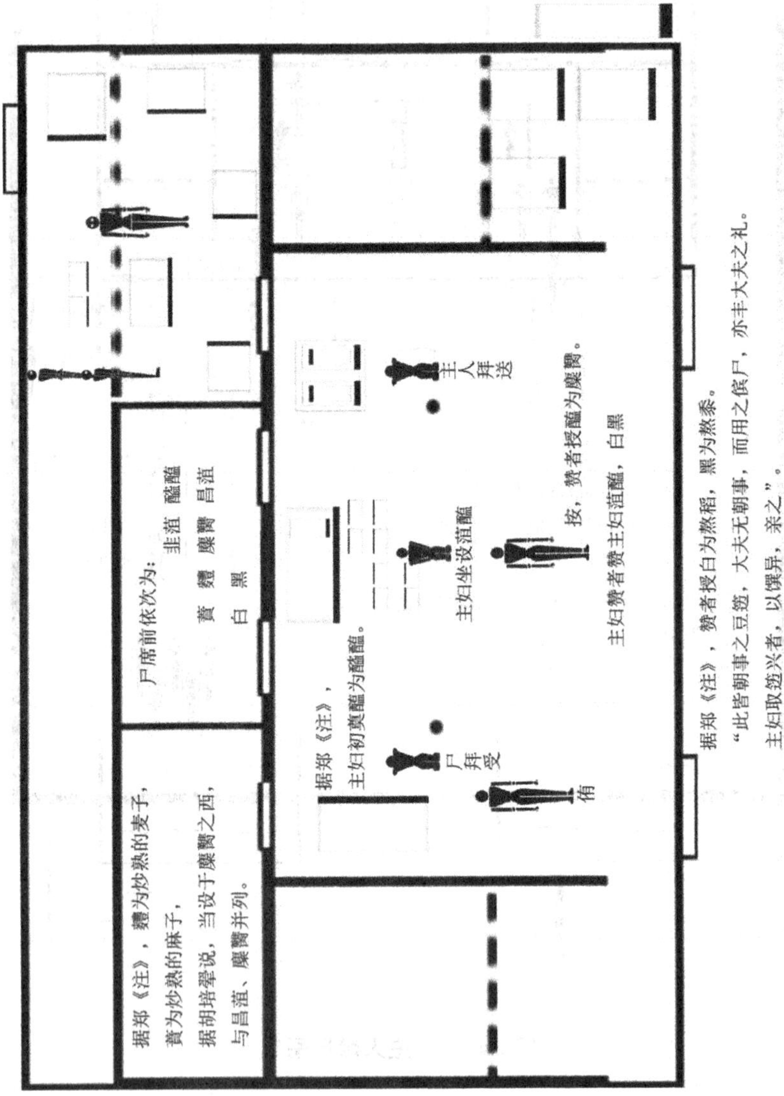
据郑《注》，赞者授白为熬稻，黑为熬黍。
“此皆朝事之豆笾，大夫无朝事，而用之傧尸，亦丰大夫之礼。
主妇取笾兴者，以馔异，亲之”。
主人拜送
按，赞者授醢为麋臡。
主妇赞者赞主妇菹醢，白黑
主妇坐设菹醢
据郑《注》，
主妇初奠醢为醓醢。
尸拜受
侑
尸席前依次为：
韭菹　醓醢
蕡　麷　麋臡　昌菹
白　黑
据郑《注》，麷为炒熟的麦子，
蕡为炒熟的麻子，
据胡培翚说，当设于麋臡之西，
与昌菹、麋臡并列。

17－4－3　主人献尸图三

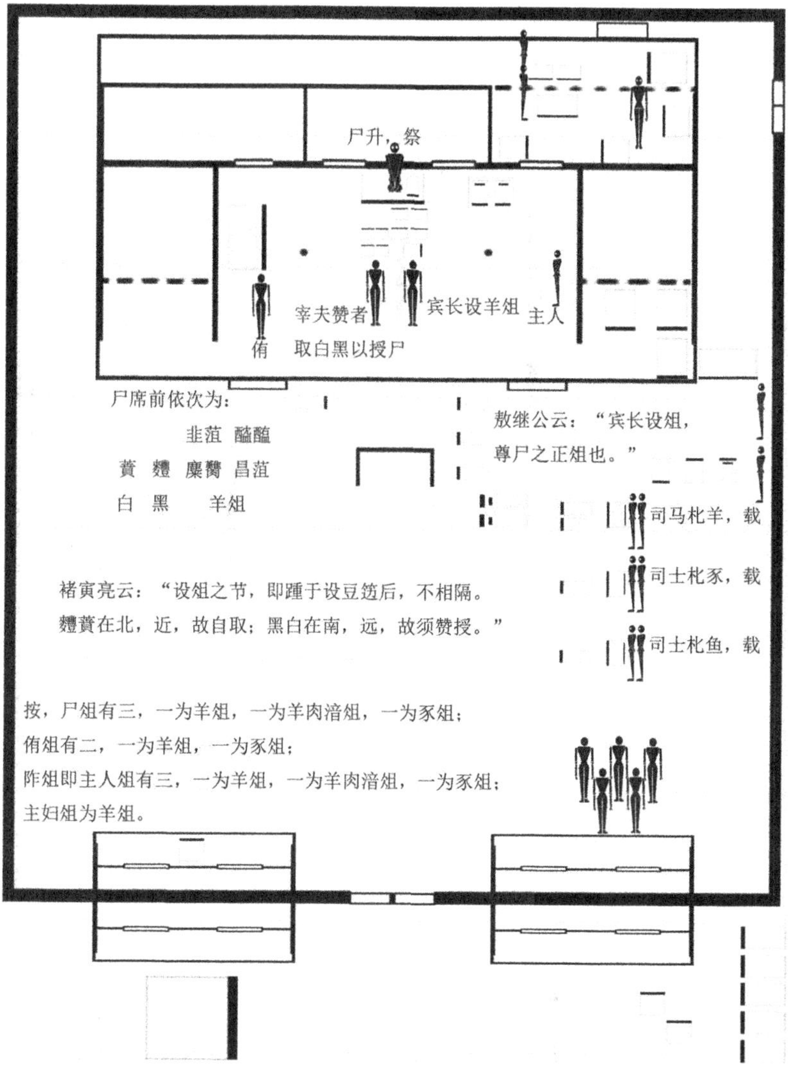
尸升，祭
宰夫赞者
取白黑以授尸
宾长设羊俎
主人
侑
尸席前依次为：
韭菹 醯醢
蕡 麷 麋臡 昌菹
白 黑 羊俎
敖继公云：“宾长设俎，
尊尸之正俎也。”
司马杝羊，载
司士杝豕，载
司士杝鱼，载
褚寅亮云：“设俎之节，即踵于设豆笾后，不相隔。
麷蕡在北，近，故自取；黑白在南，远，故须赞授。”
按，尸俎有三，一为羊俎，一为羊肉湆俎，一为豕俎；
侑俎有二，一为羊俎，一为豕俎；
阼俎即主人俎有三，一为羊俎，一为羊肉湆俎，一为豕俎；
主妇俎为羊俎。

17－4－4 **主人献尸图四**

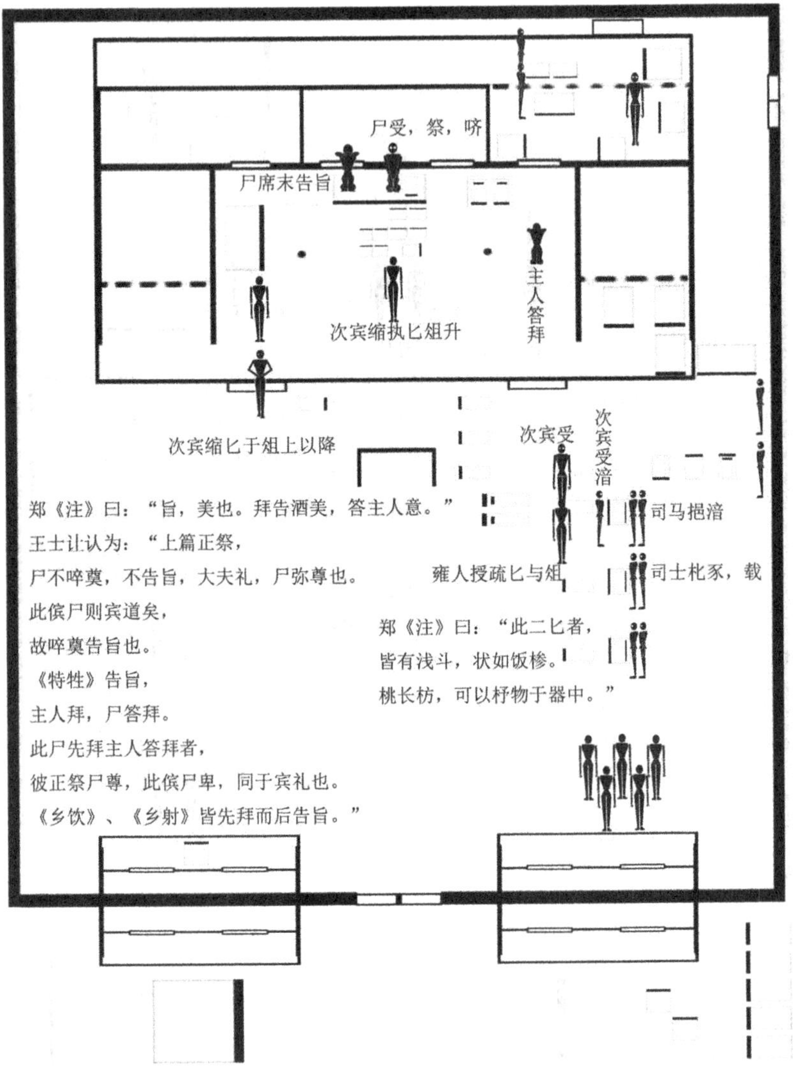

尸受，祭，哜
尸席末告旨
次宾缩执匕俎升
主人答拜
次宾缩匕于俎上以降
次宾受
次宾受湇
司马挹湇
雍人授疏匕与俎
司士杋豕，载
郑《注》曰：“旨，美也。拜告酒美，答主人意。”
王士让认为：“上篇正祭，
尸不啐奠，不告旨，大夫礼，尸弥尊也。
此傧尸则宾道矣，
故啐奠告旨也。
《特牲》告旨，
主人拜，尸答拜。
此尸先拜主人答拜者，
彼正祭尸尊，此傧尸卑，同于宾礼也。
《乡饮》、《乡射》皆先拜而后告旨。”
郑《注》曰：“此二匕者，
皆有浅斗，状如饭橾。
桃长枋，可以杼物于器中。”

17-4-5 主人献尸图五

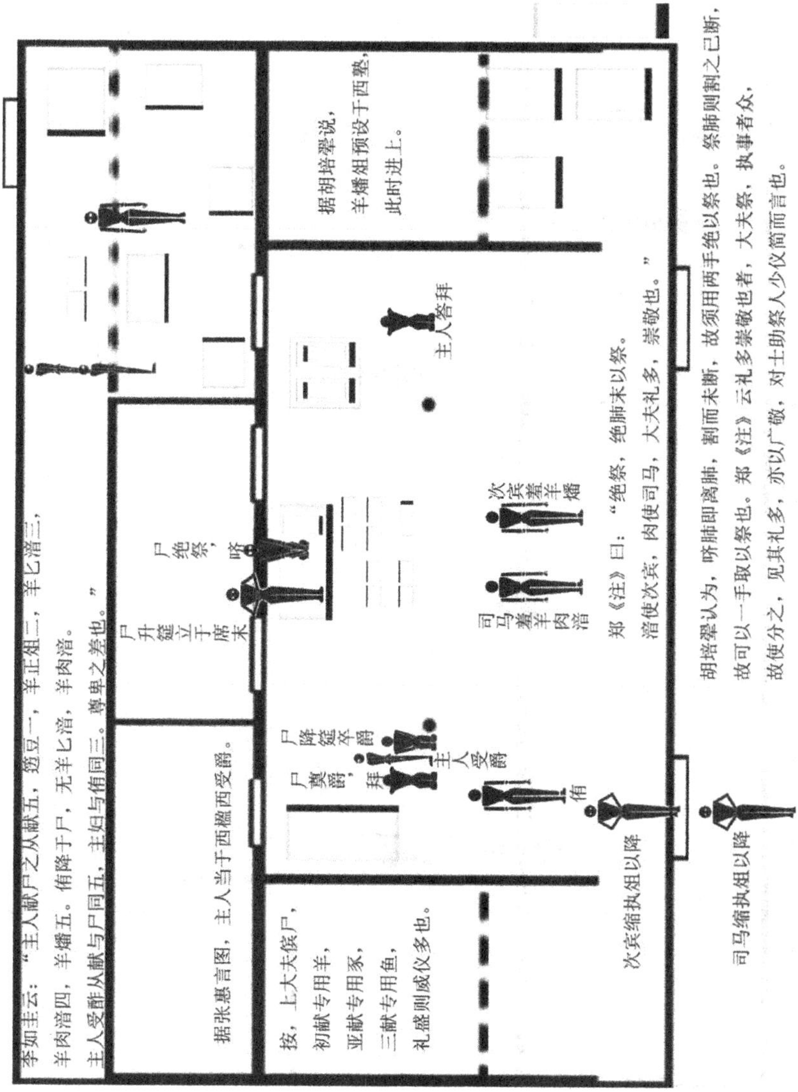
李如圭云：“主人献尸之从献五，笾豆一，羊正俎二，羊匕湆三，
羊肉湆四，羊燔五。侑降于尸，无羊匕湆，羊肉湆。
主人受酢从献与尸同五，主妇与侑同三。尊卑之差也。”
据张惠言图，主人当于西楹西受爵。
尸升筵立于席末
尸绝祭，哜
按，上大夫傧尸，
初献专用羊，
亚献专用豕，
三献专用鱼，
礼盛则威仪多也。
尸奠爵，拜
尸降筵卒爵
主人受爵
侑
主人答拜
据胡培翚说，
羊燔俎预设于西塾，
此时进上。
司马羞羊肉湆
次宾羞羊燔
次宾缩执俎以降
司马缩执俎以降
郑《注》曰：“绝祭，绝肺末以祭。
湆使次宾，肉使司马，大夫礼多，崇敬也。”
胡培翚认为，哜肺即离肺，割而未断，故须用两手绝以祭也。祭肺则割之已断，
故可以一手取以祭也。郑《注》云礼多崇敬也者，大夫祭，执事者众，
故使分之，见其礼多，亦以广敬，对士助祭人少仪简而言也。

17－4－6 主人献尸图六

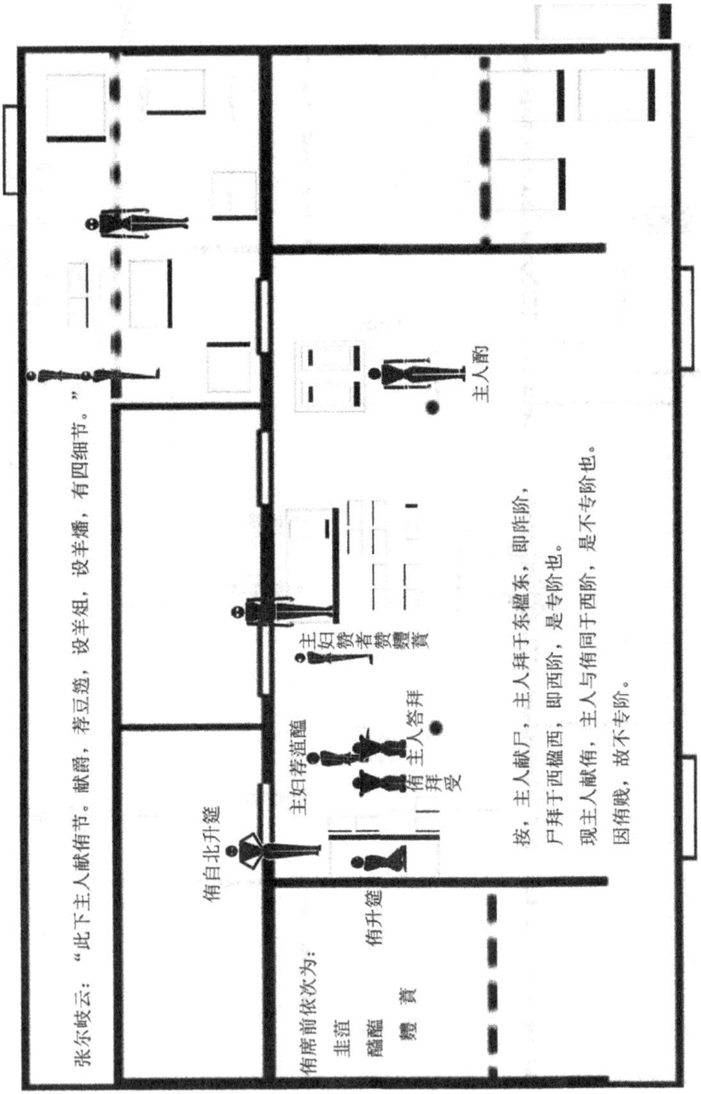

据郑《注》、贾《疏》，主人献侑，不洗，是为献尸献侑之间无其他酬酢之事，凡爵行、爵从，尊者来向卑者，俱献间无事，则不洗爵。

17－5－1　**主人献侑图一**

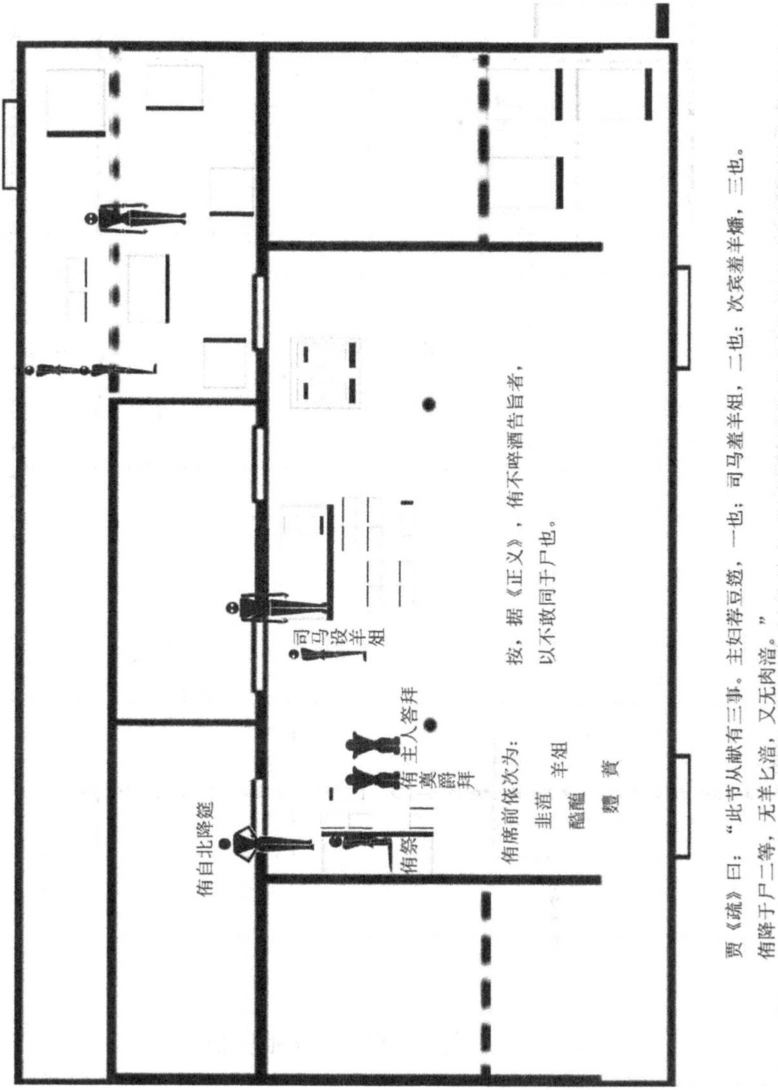
侑自北降筵
侑祭
侑奠爵拜
主人答拜
司马设羊俎
侑席前依次为：
韭菹　羊俎
醓醢
糗　蕡
按，据《正义》，侑不哜酒告旨者，
以不敢同于尸也。
贾《疏》曰：“此节从献有三事。主妇荐豆笾，一也；司马羞羊俎，二也；次宾羞羊燔，三也。
侑降于尸二等，无羊匕湆，又无肉湆。”

17－5－2　**主人献侑图二**

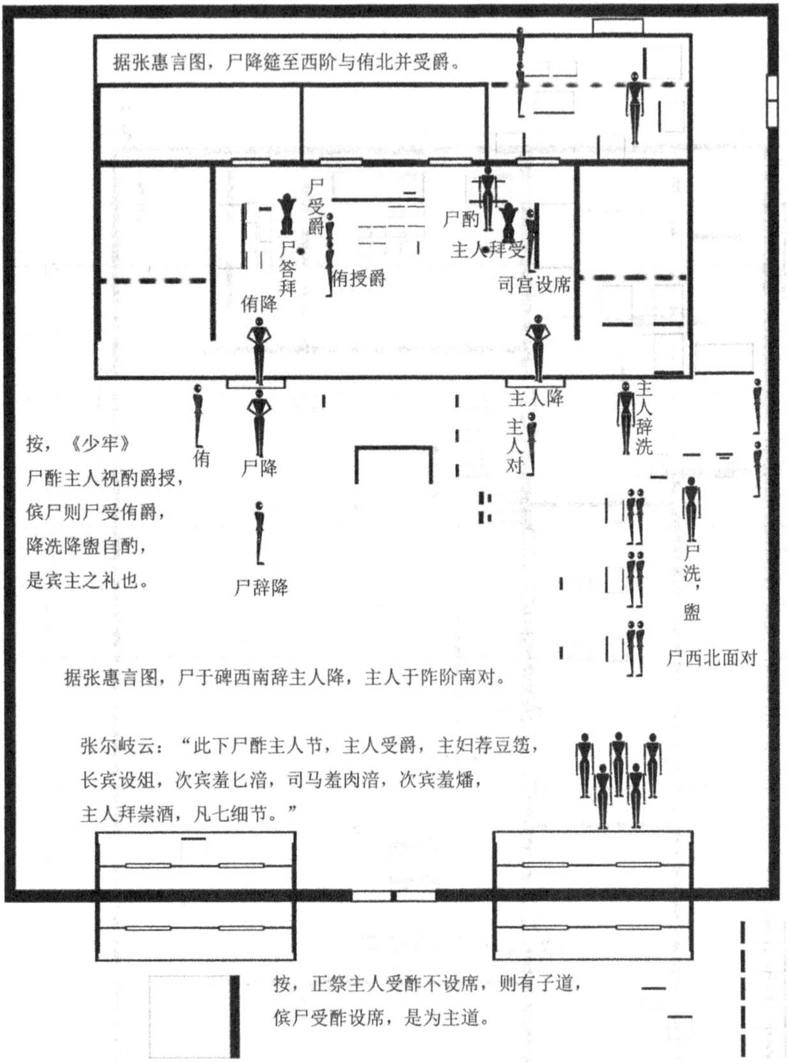

17－6－1　**主人受尸酢初献礼竟图一**

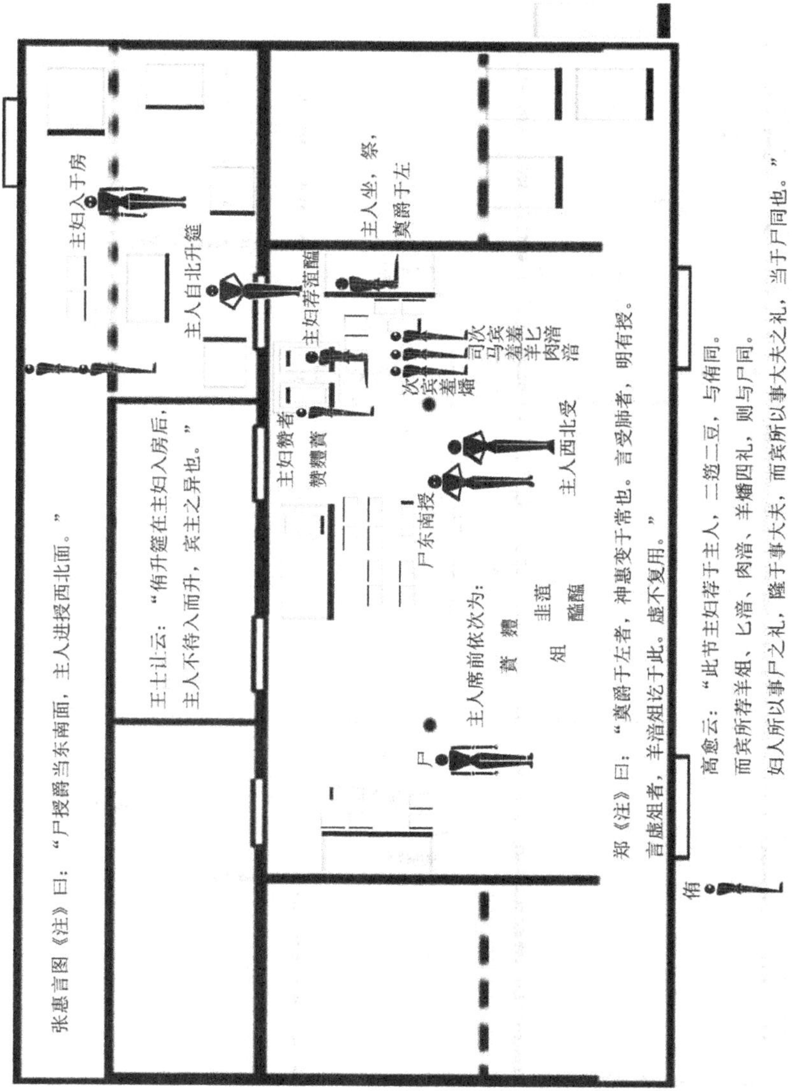

17－6－2 主人受尸酢初献礼竟图二

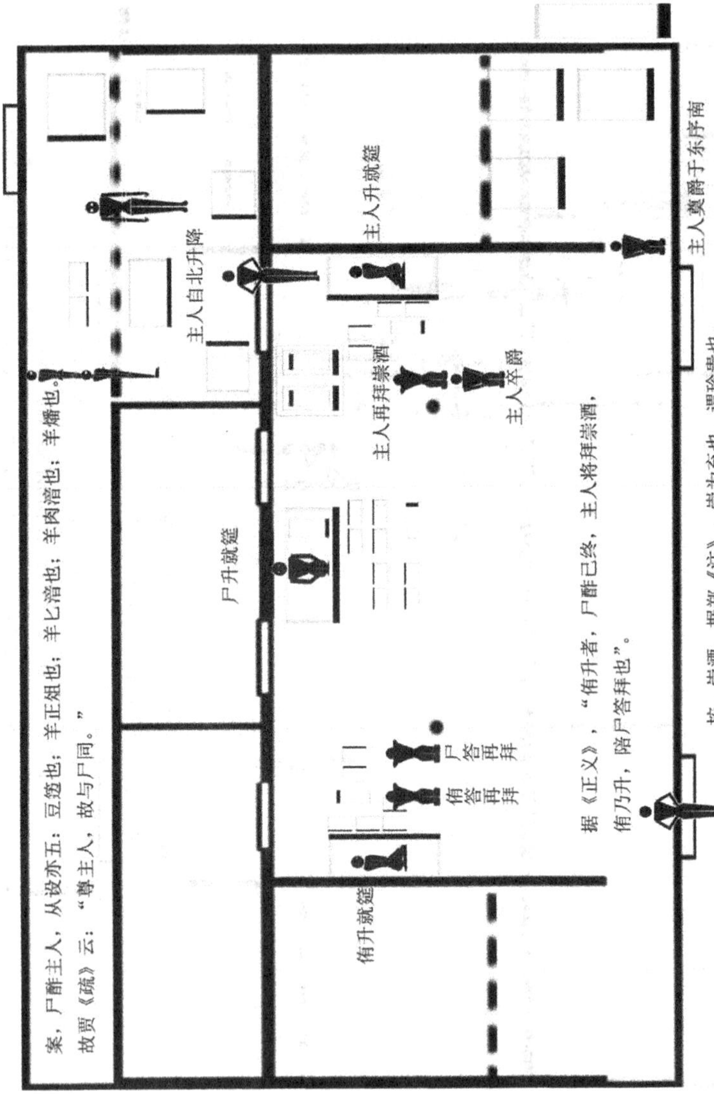

17－6－3　主人受尸酢初献礼竟图三

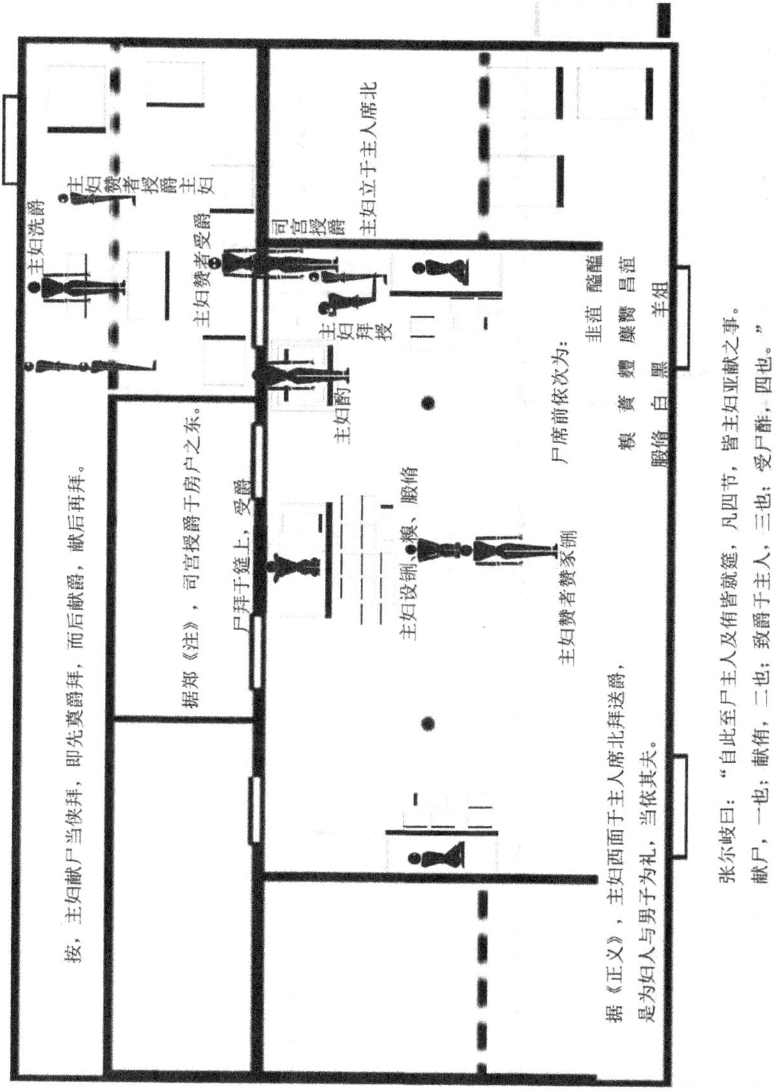
按，主妇献尸当侠拜，即先奠爵拜，而后献爵，献后再拜。
主妇洗爵
主妇赞者授爵主妇
主妇赞者受爵
司宫授爵
主妇立于主人席北
主妇拜授
主妇酌
据郑《注》，司宫授爵于房户之东。
尸拜于筵上，受爵
主妇设铏、糗、腶脩
主妇赞者赞豕铏
尸席前依次为：
韭菹 醯醢
糗 蕡 麷 麋臡 昌菹
腶脩 白 黑 羊俎
据《正义》，主妇西面于主人席北拜送爵，是为妇人与男子为礼，当依其夫。
张尔岐曰："自此至尸主人及侑皆就筵，凡四节，皆主妇亚献之事。献尸，一也；献侑，二也；致爵于主人，三也；受尸酢，四也。"

17－7－1 **主妇献尸图一**

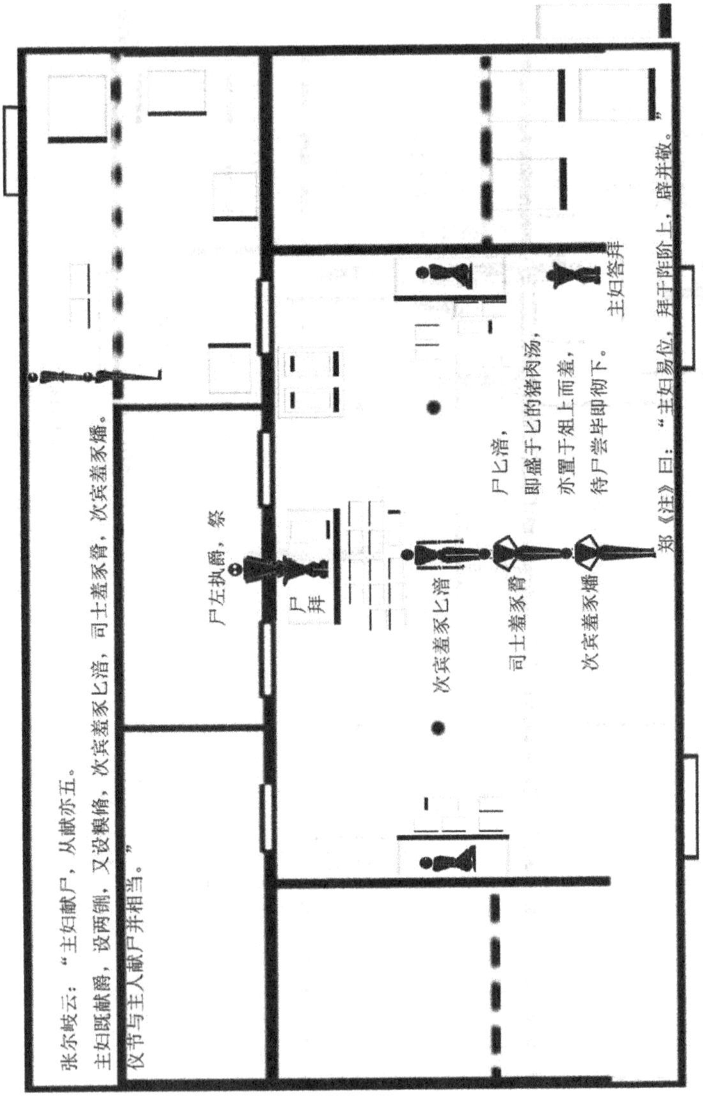

按，豕膂即司士为尸所匕载之豕俎，
然据张惠言图及注，司士将豕膂上的牲肉载于羊俎，因而尸席前仍仅一俎。

17－7－2 主妇献尸图二

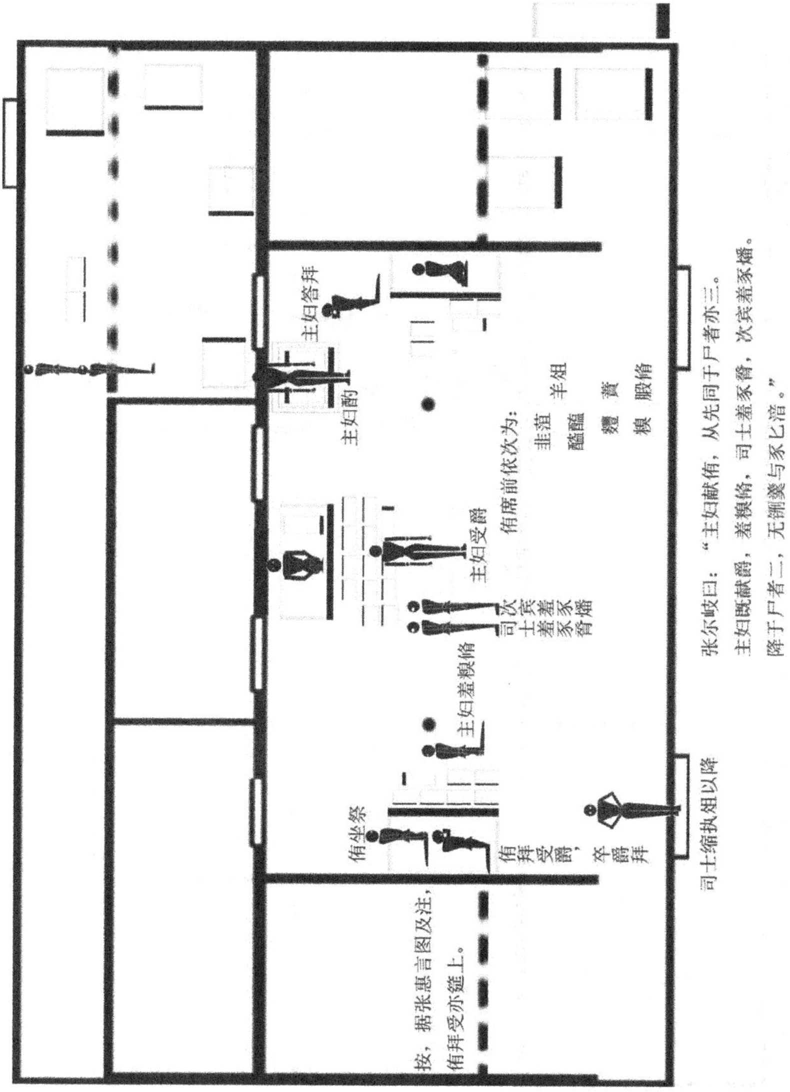
主妇答拜
主妇酌
侑席前依次为：
韭菹 羊俎
醓醢
麷 蕡
糗 腶脩
主妇受爵
司士羞豕脀
次宾羞豕燔
主妇羞糗脩
侑坐祭
侑拜受爵，卒爵拜
司士缩执俎以降
按，据张惠言图及注，侑拜受亦筵上。
张尔岐曰：“主妇献侑，从先同于尸者亦三。主妇既献爵，羞糗脩，司士羞豕脀，次宾羞豕燔。降于尸者二，无铏羹与豕匕湆。”

17－8－1 **主妇献侑图**

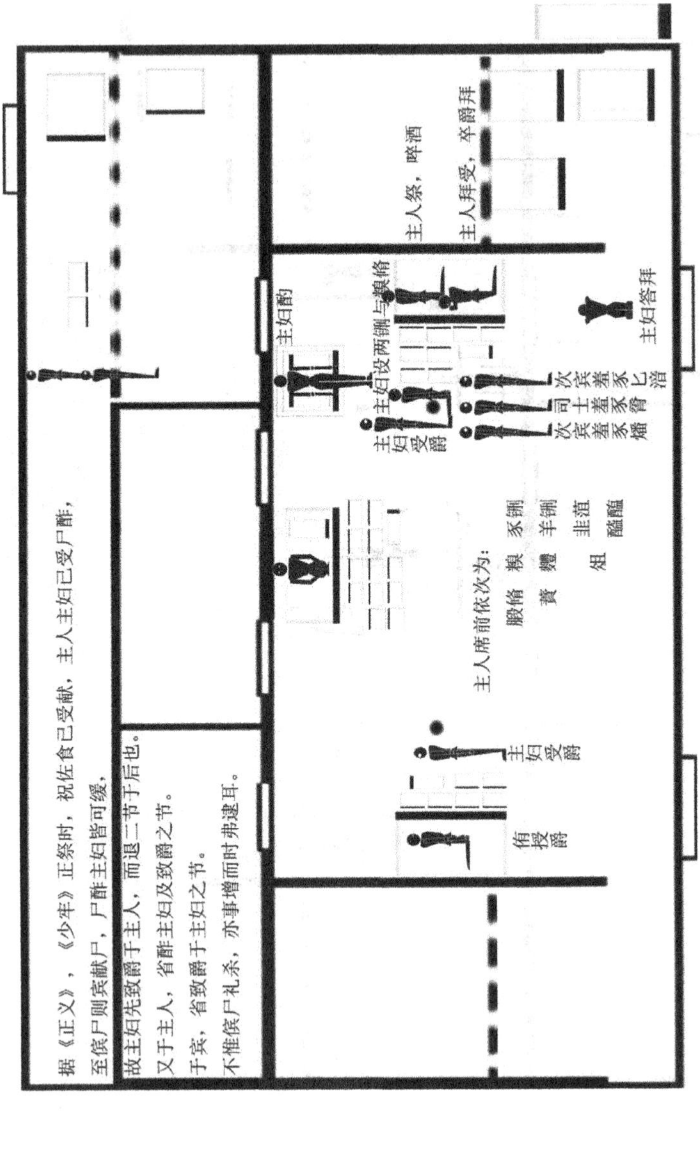

17－9－1 主妇致爵于主人图

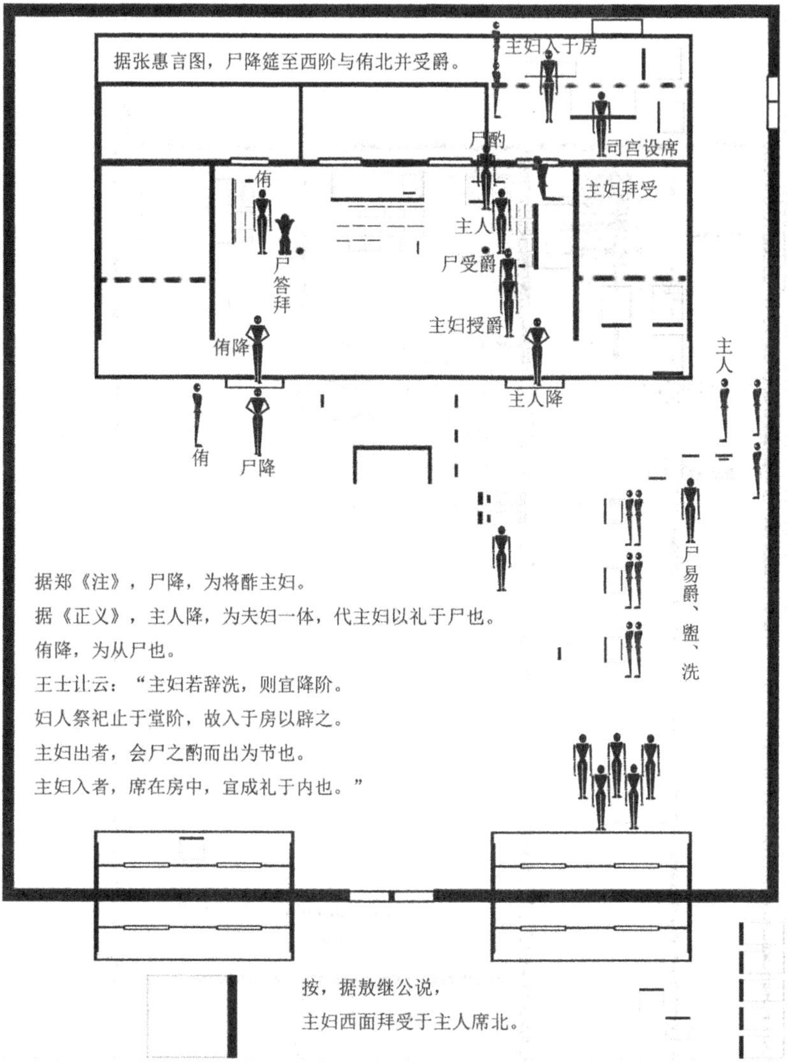

17－10－1　**主妇受尸酢亚献礼竟图一**

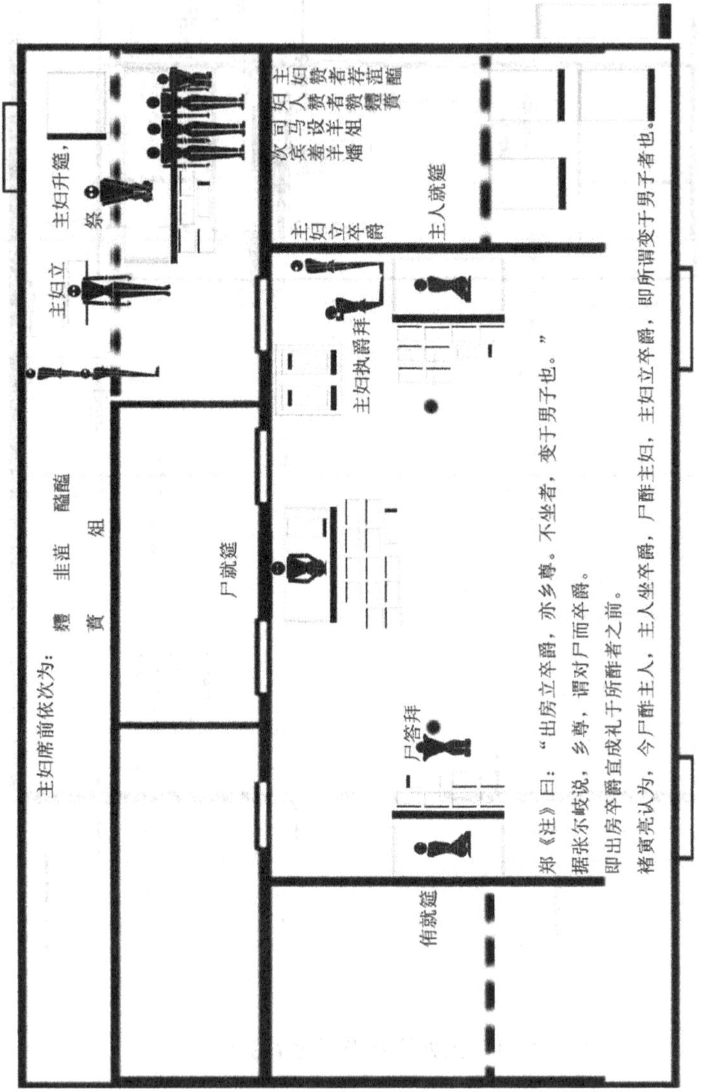

按，据《正义》，尸酢主妇，从设亦三。妇赞者设豆笾，一也；司马设羊俎，二也；次宾羞羊燔，三也。皆与主人献侑同。

17－10－2 **主妇受尸酢亚献礼竟图二**

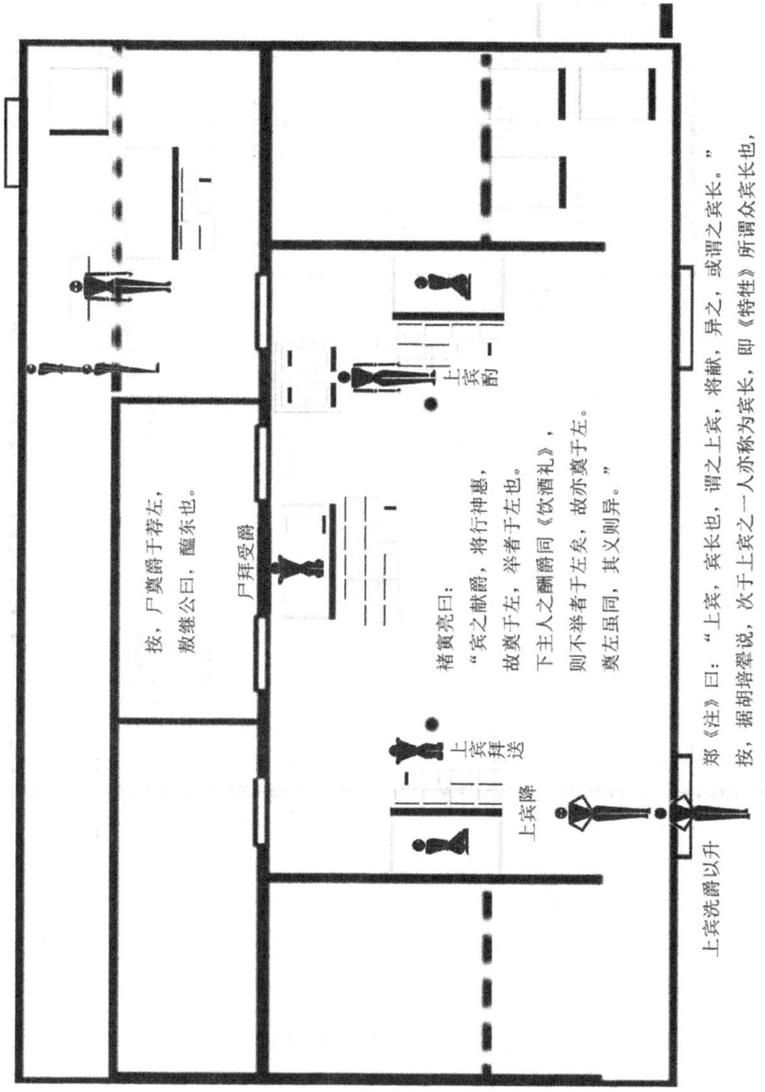

17－11－1　**上宾三献尸尸奠爵不举图**

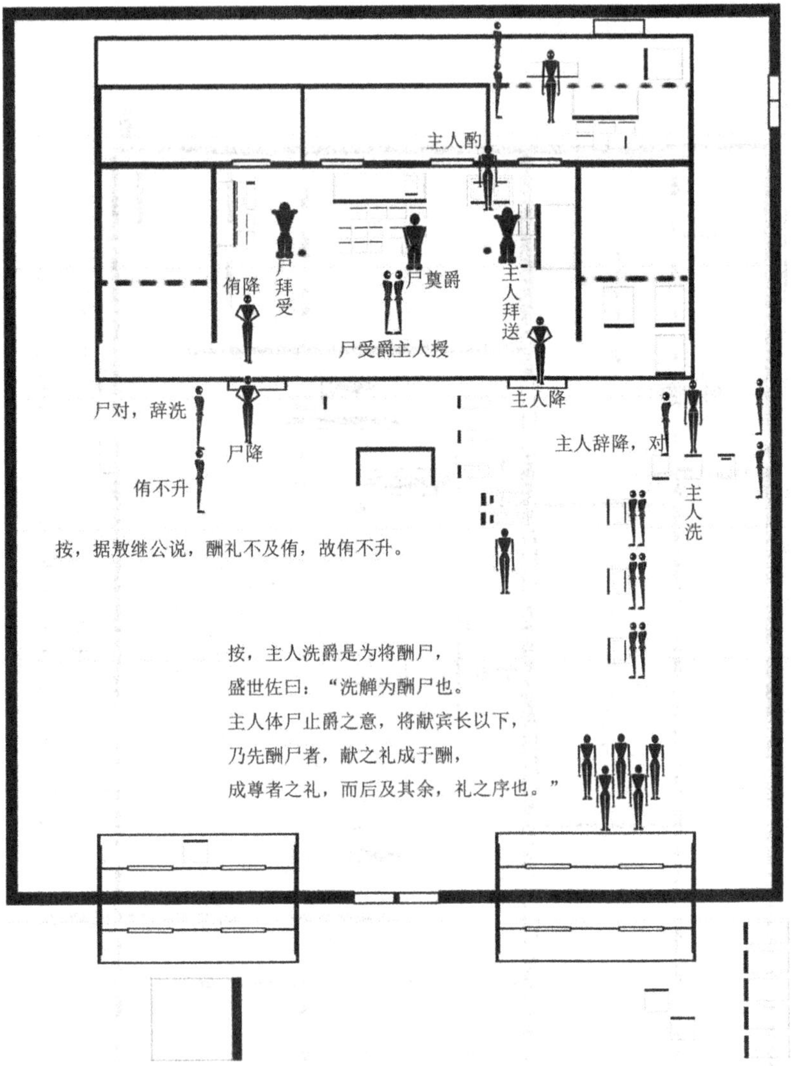
主人酌
尸拜受
尸奠爵
主人拜送
侑降
尸受爵主人授
尸对，辞洗
尸降
主人降
主人辞降，对
侑不升
主人洗
按，据敖继公说，酬礼不及侑，故侑不升。
按，主人洗爵是为将酬尸，
盛世佐曰：“洗觯为酬尸也。
主人体尸止爵之意，将献宾长以下，
乃先酬尸者，献之礼成于酬，
成尊者之礼，而后及其余，礼之序也。”

17－12－1　**主人酬尸图**

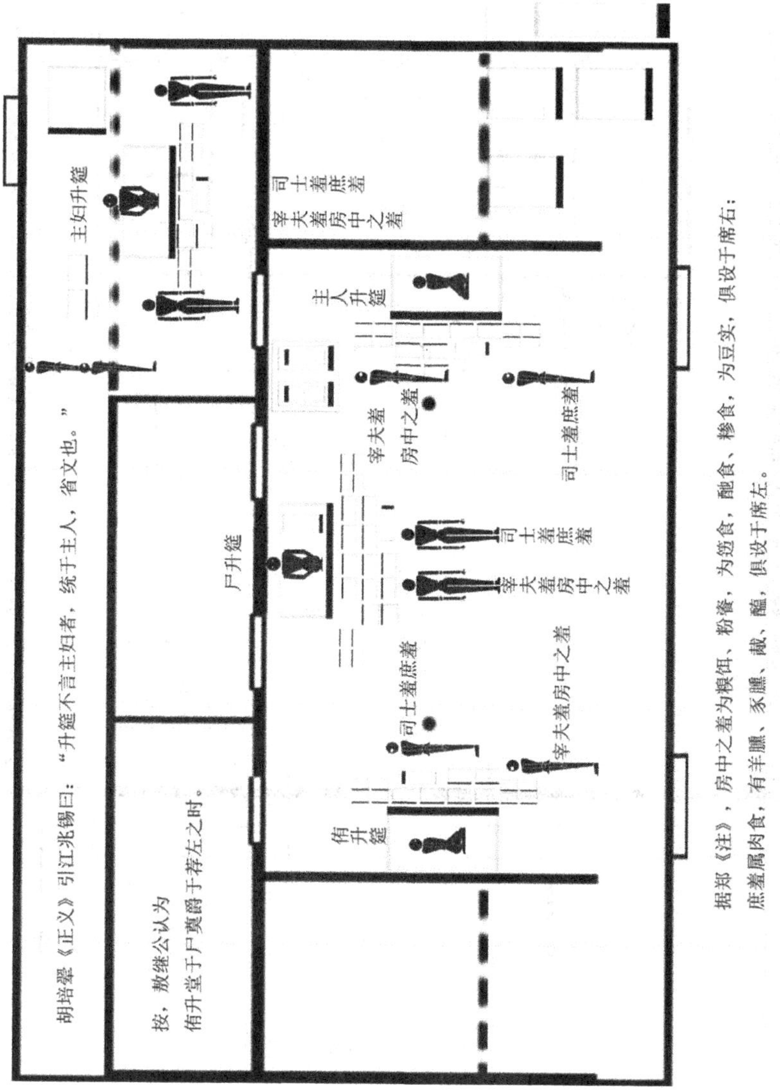

17－13－1　**羞于尸侑主人主妇图**

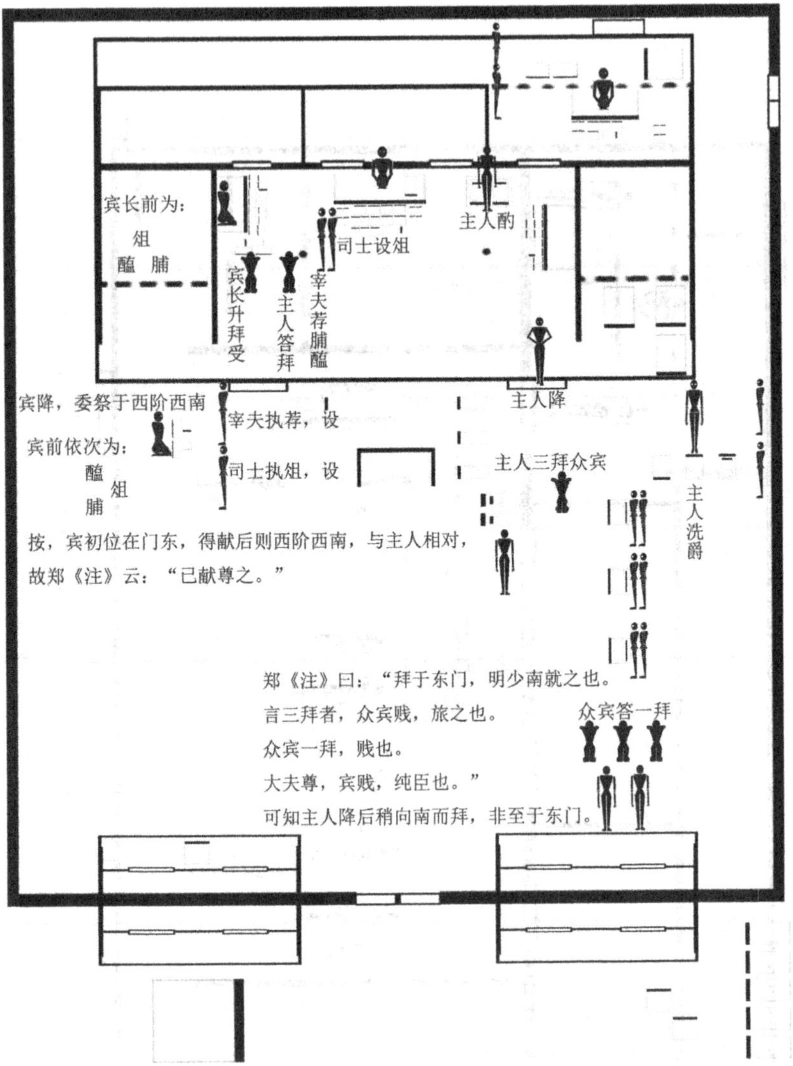

17－14－1　**主人献宾长图**

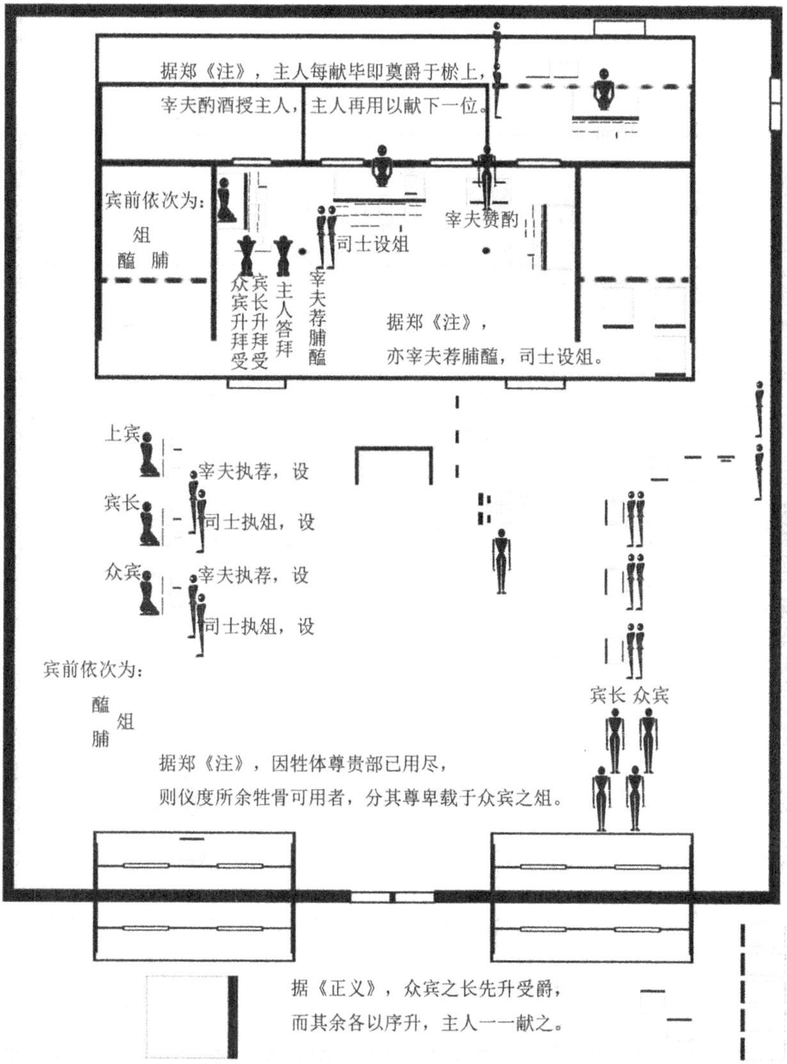
据郑《注》，主人每献毕即奠爵于桥上，
宰夫酌酒授主人，主人再用以献下一位。
宾前依次为：
俎
醢 脯
众宾升拜受
宾长升拜受
主人答拜
宰夫荐脯醢
司士设俎
宰夫赞酌
据郑《注》，
亦宰夫荐脯醢，司士设俎。
上宾
宰夫执荐，设
宾长
司士执俎，设
众宾
宰夫执荐，设
司士执俎，设
宾前依次为：
醢
俎
脯
据郑《注》，因牲体尊贵部已用尽，
则仪度所余牲骨可用者，分其尊卑载于众宾之俎。
宾长 众宾
据《正义》，众宾之长先升受爵，
而其余各以序升，主人一一献之。

17－15－1　**辩献众宾图**

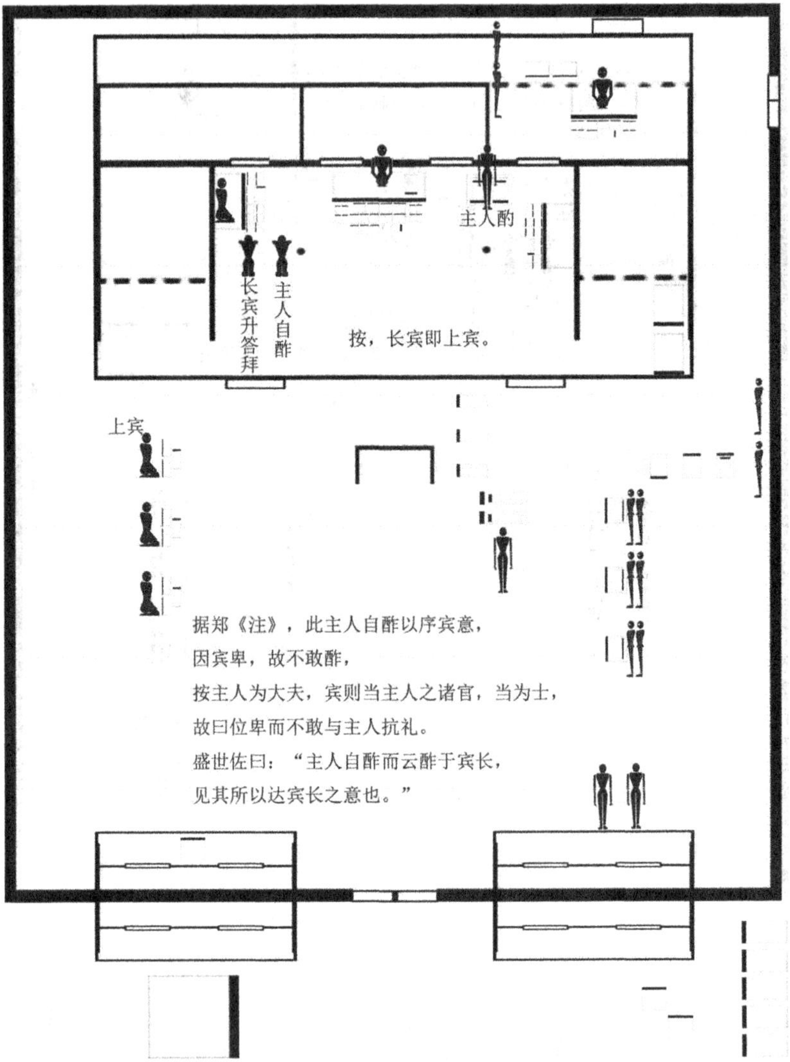

17－16－1 主人自酢于宾长图

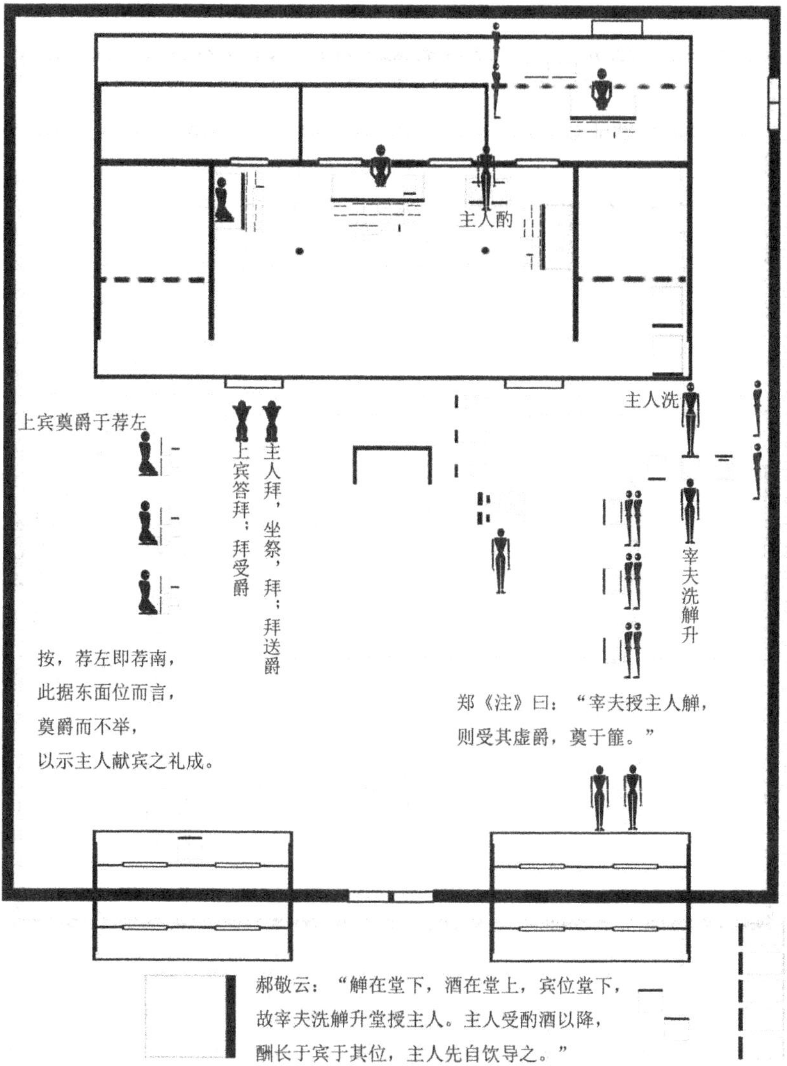

17－17－1　**主人酬宾长图**

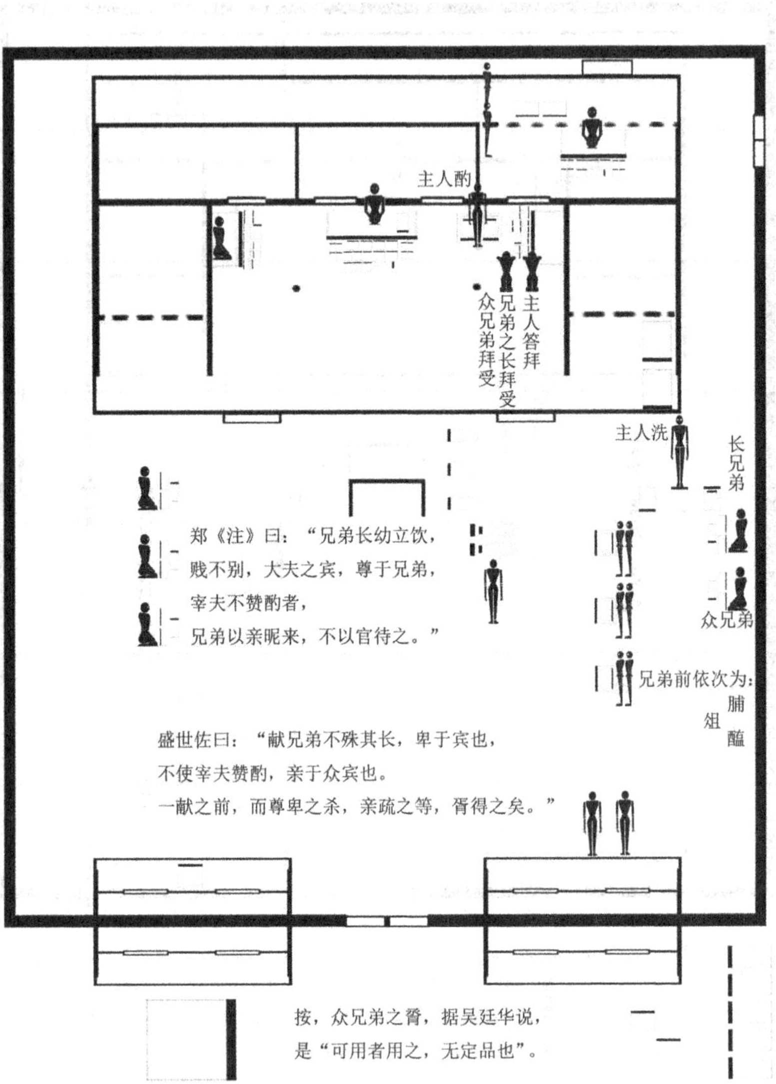

17－18－1　**主人献兄弟图**

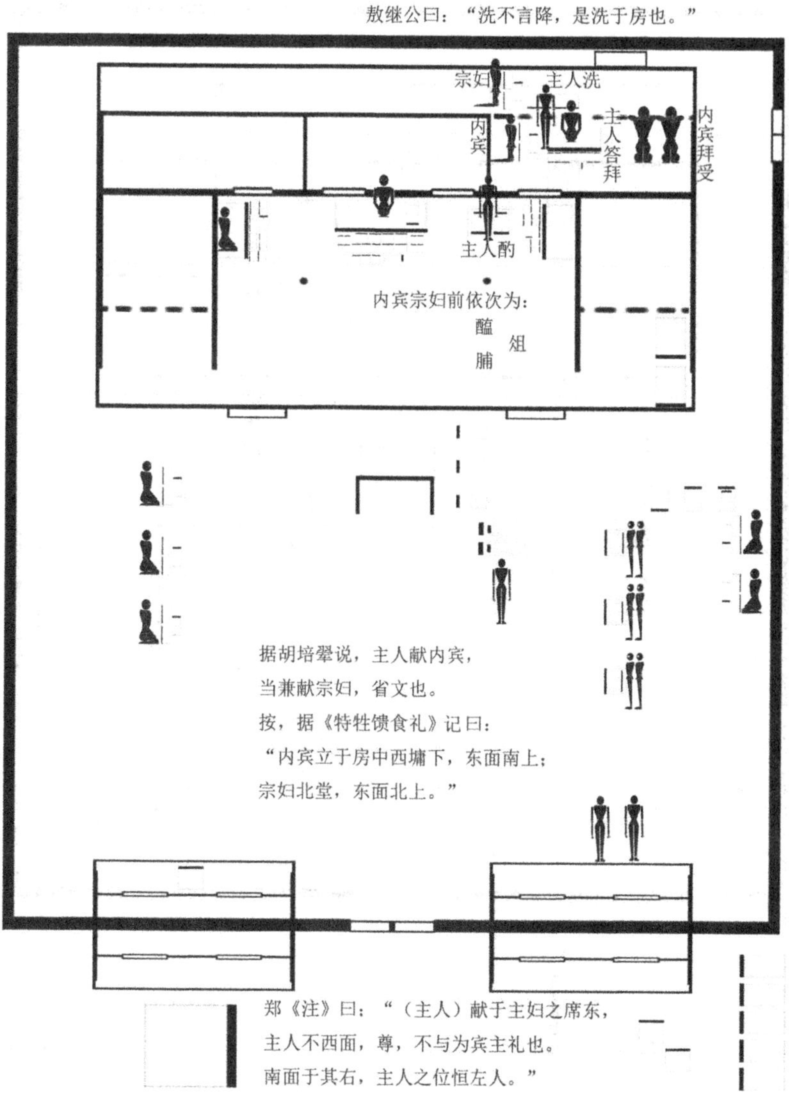

17－19－1 **主人献内宾图**

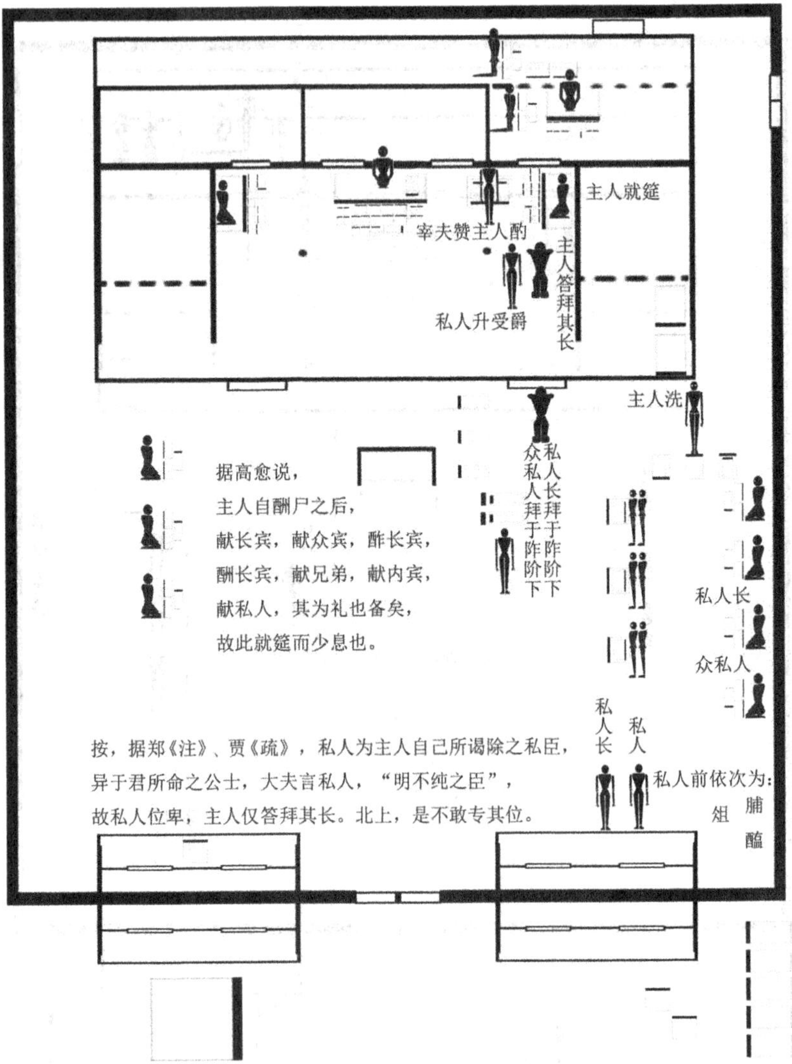

17－20－1 **主人献私人均神惠偏图**

湆鱼，即带鱼汤的鱼，蔡德晋曰："湆鱼，鱼在湆中者。"

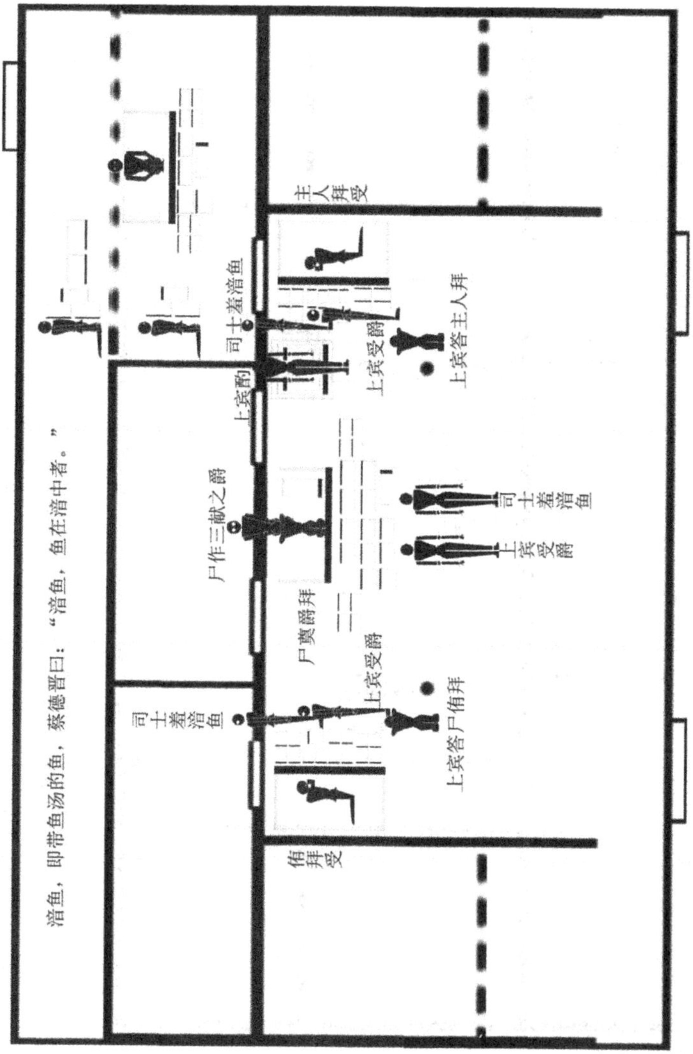

作三献之爵即尸拿起上宾所献爵，

按，作为举也，上宾献尸为三献，故以其事名之，此时尸席前有两爵，一为主人所酬，一为上宾所献。

郑《注》曰："不言三献之作者，宾尸而尸益卑，可以自举。"

17－21－1　**上宾三献礼成图一**

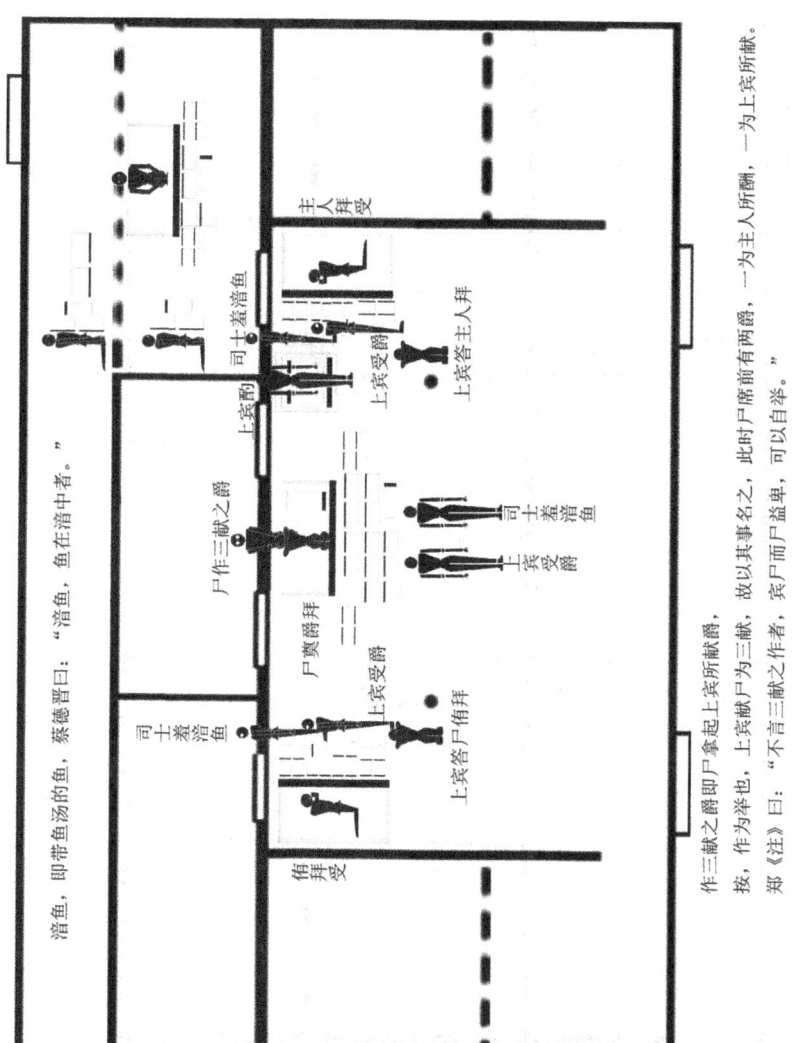

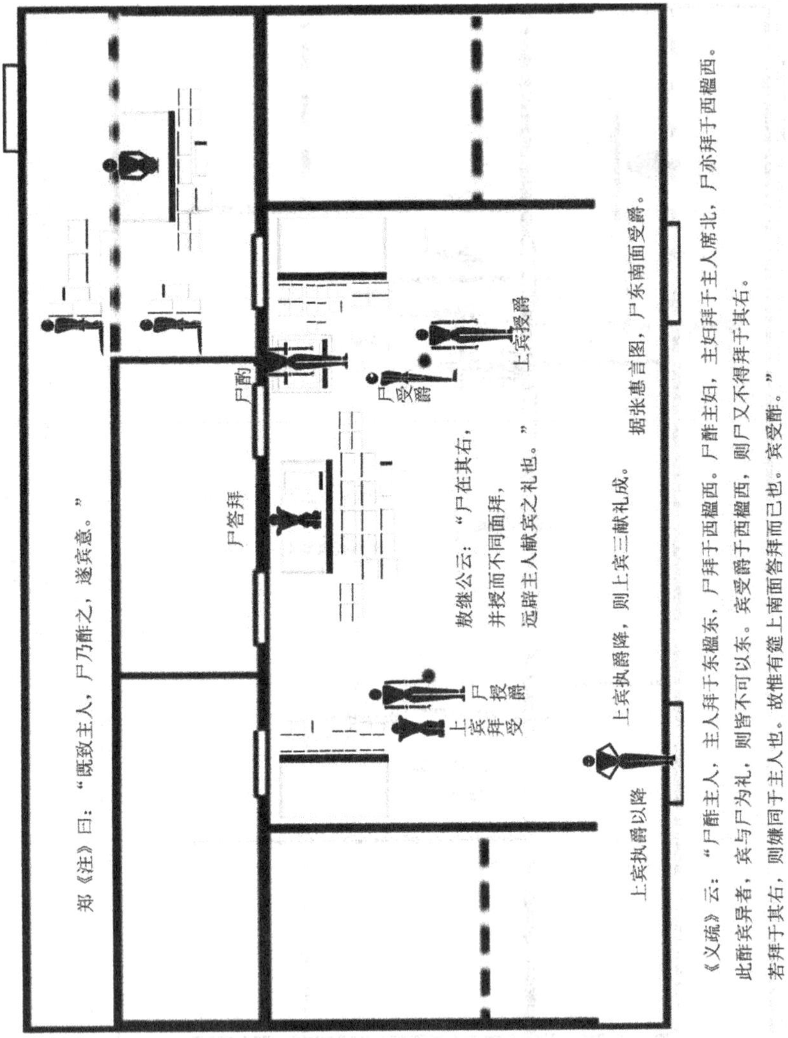

17－21－2 上宾三献礼成图二

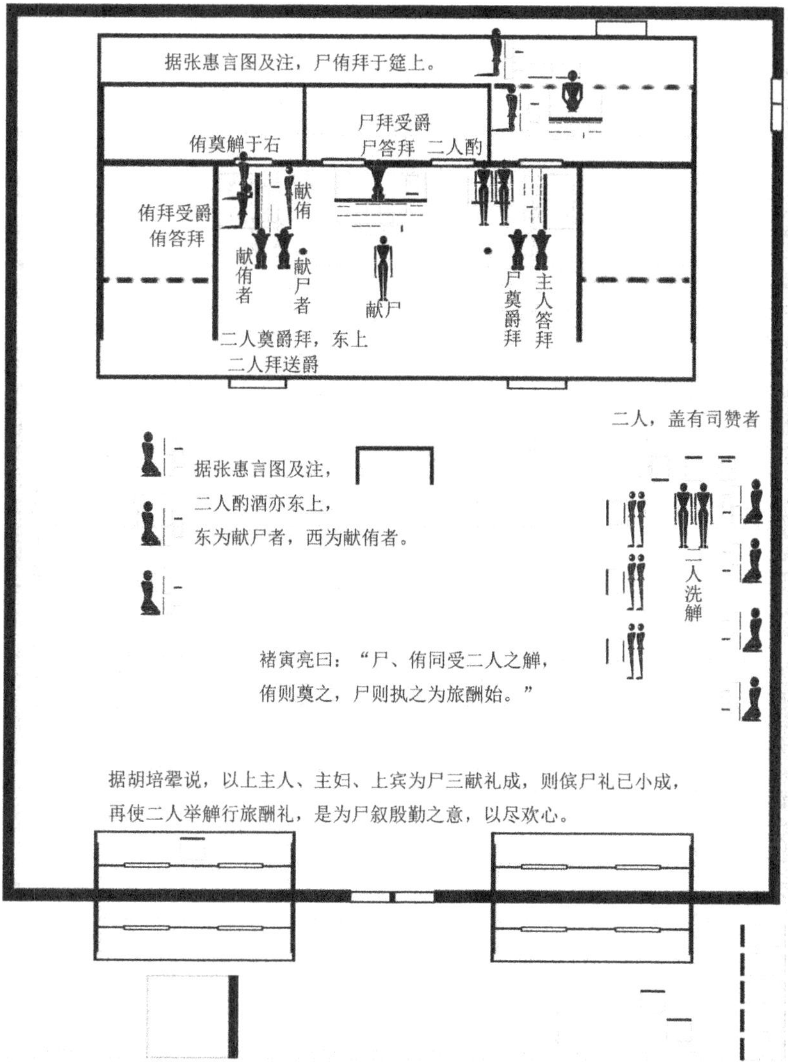

17－22－1 **二人举觯为旅酬图一**

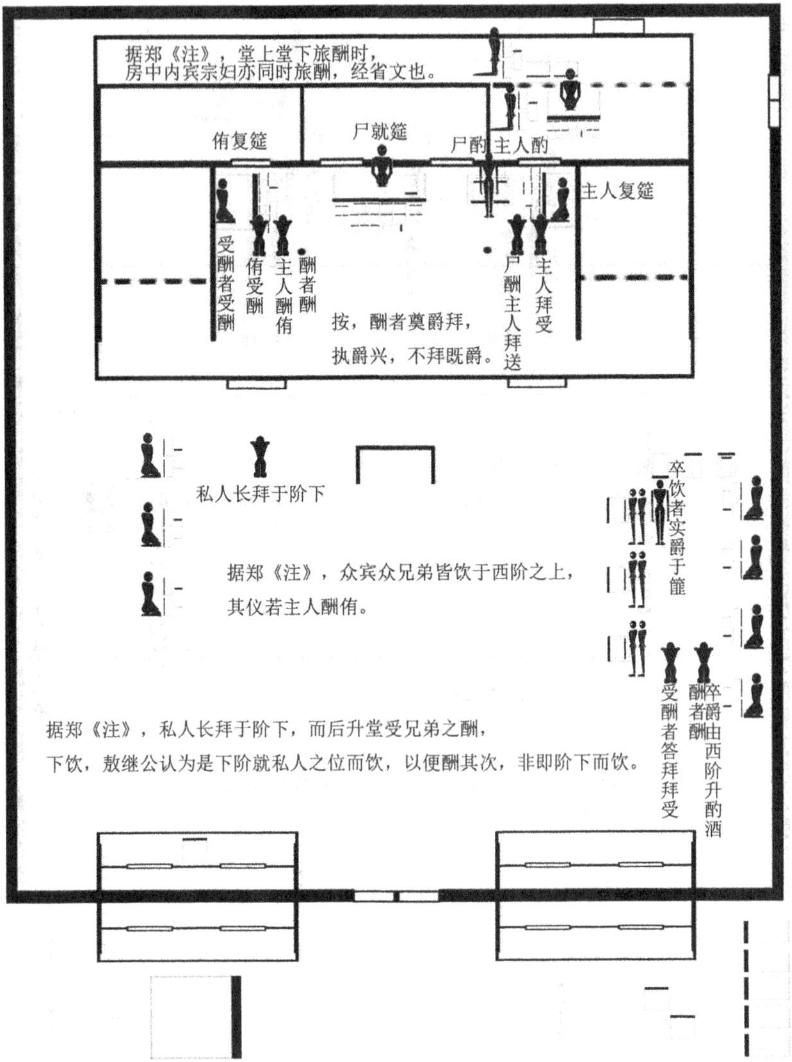

17－22－2 二人举觯为旅酬图二

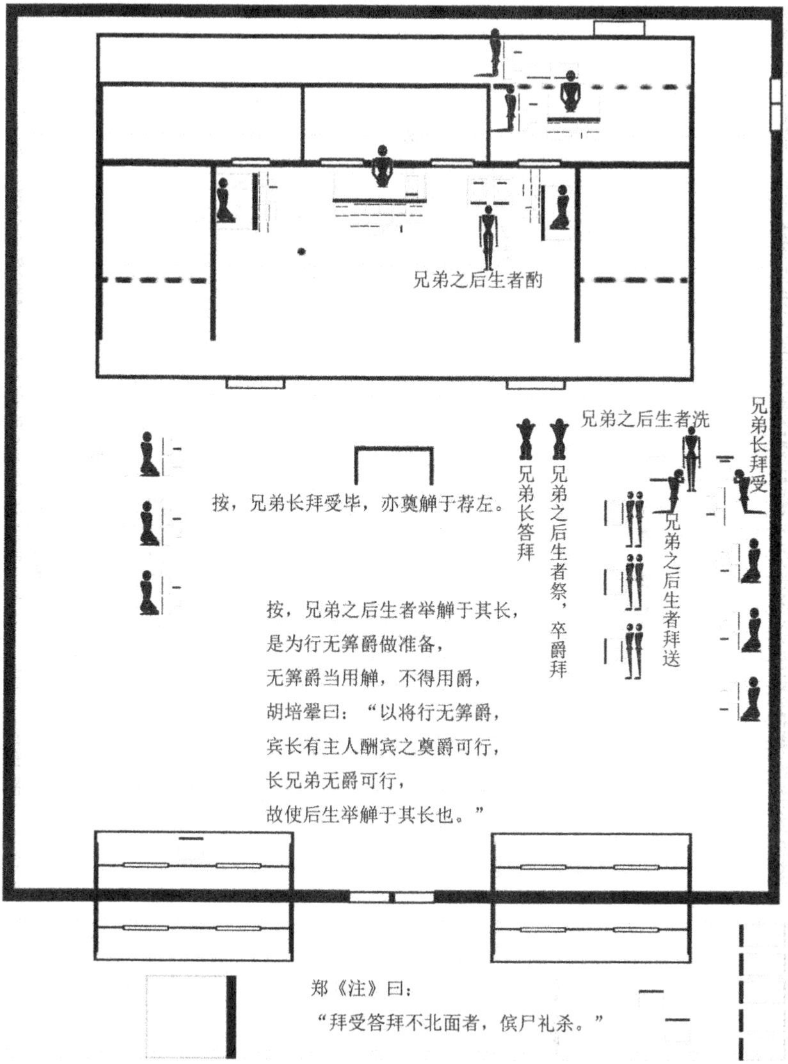

17－23－1 兄弟后生举觯图

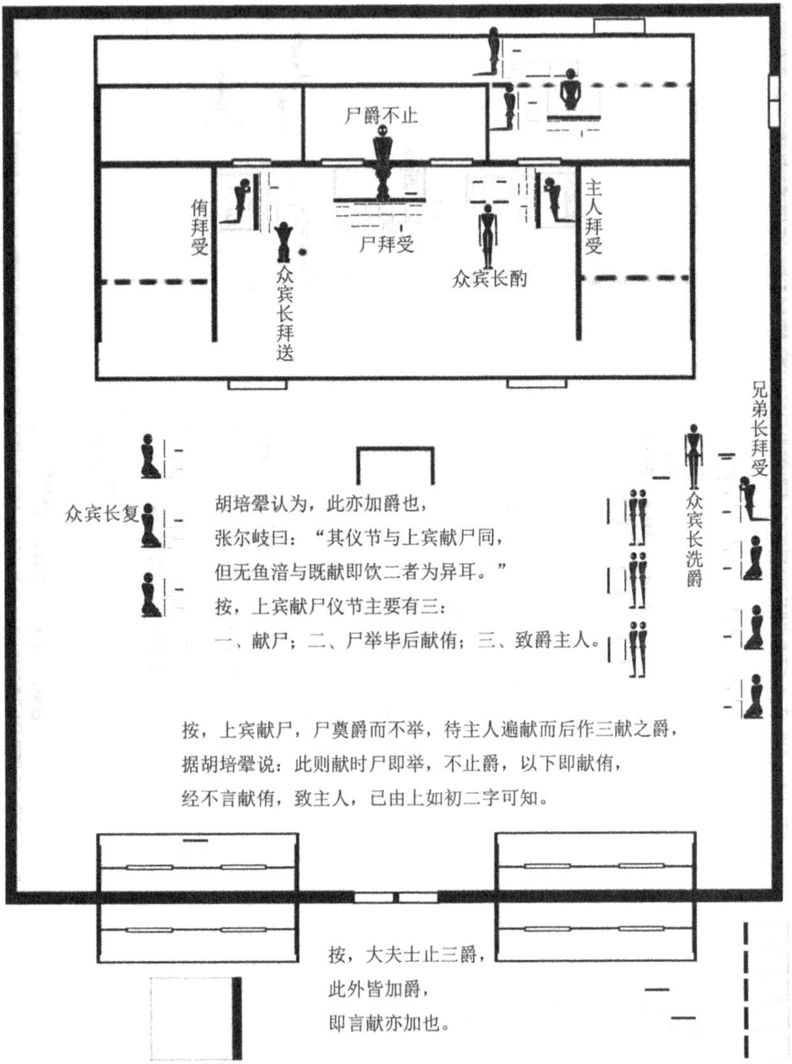

17－24－1　**宾长加献于尸图**

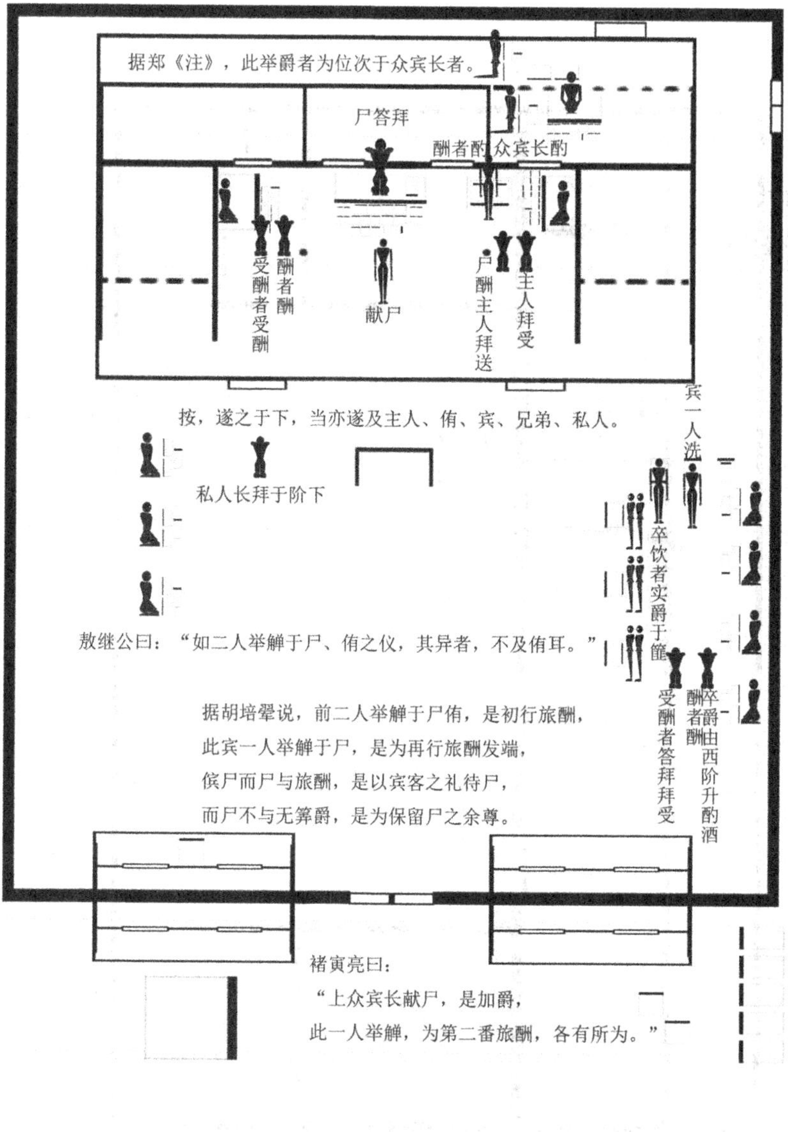

17－25－1　**宾一人举觯于尸更为旅酬图**

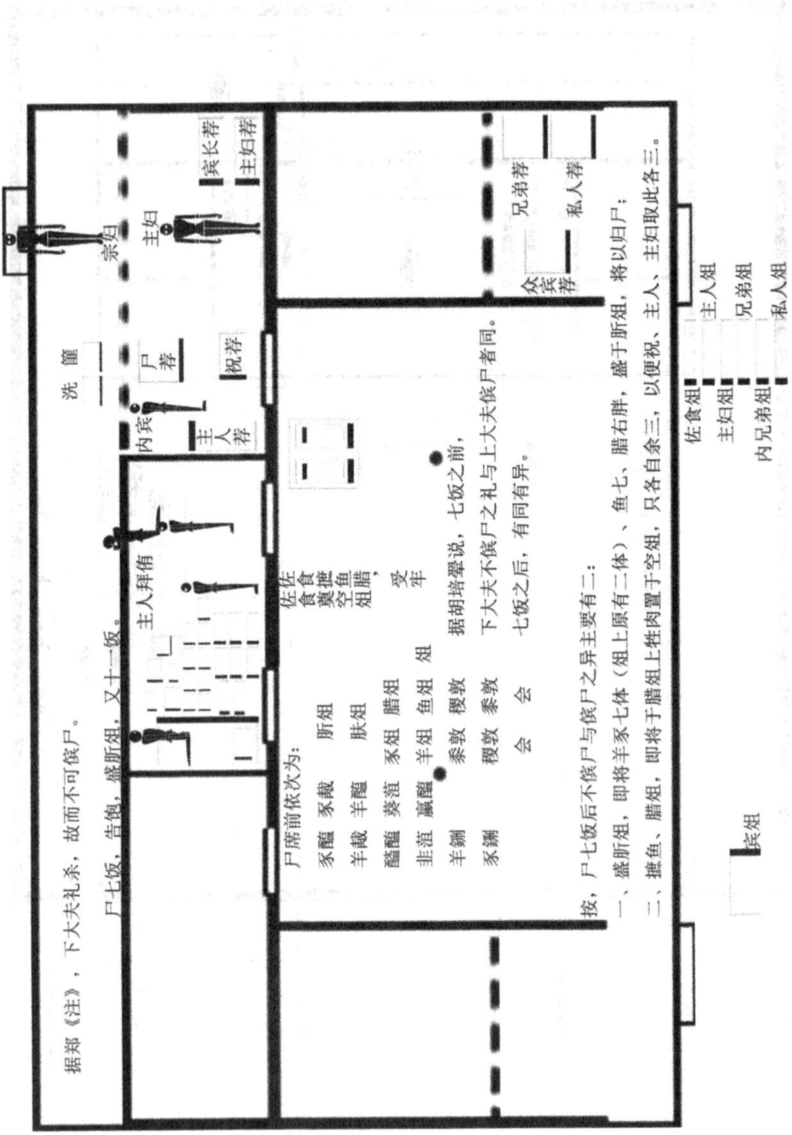

17－28－1 不傧尸者尸八饭后事图

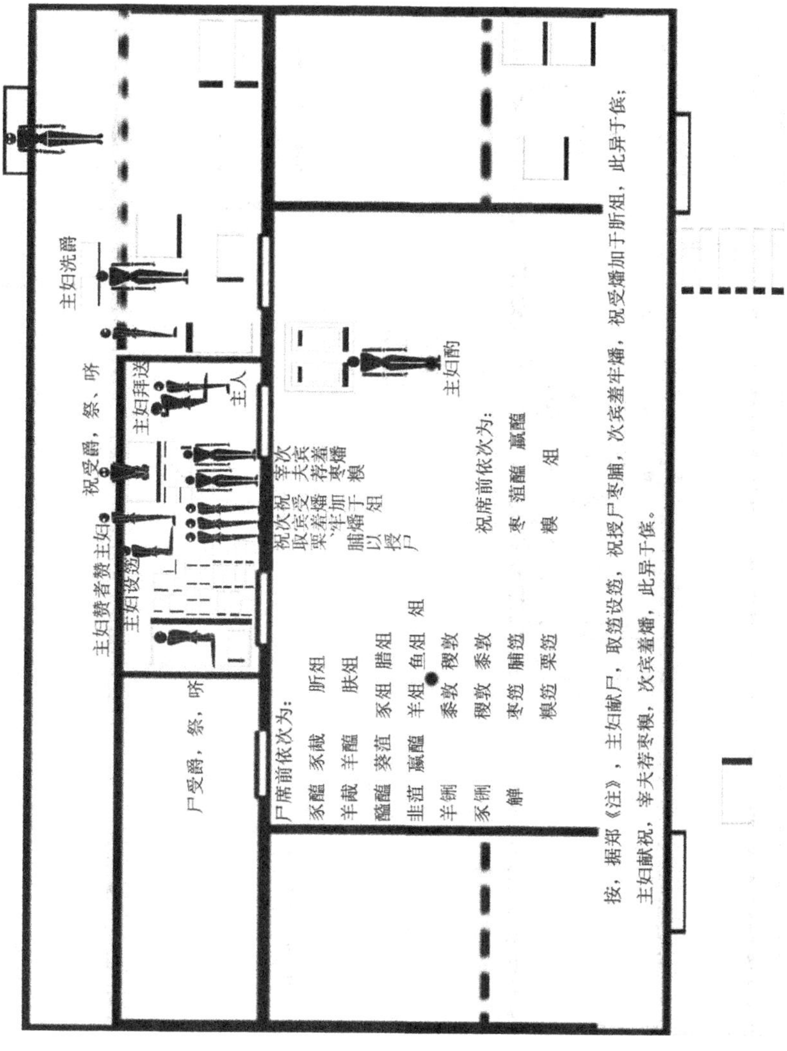

17－30－1　**不傧尸者主人初献与傧尸者正祭初献同图**

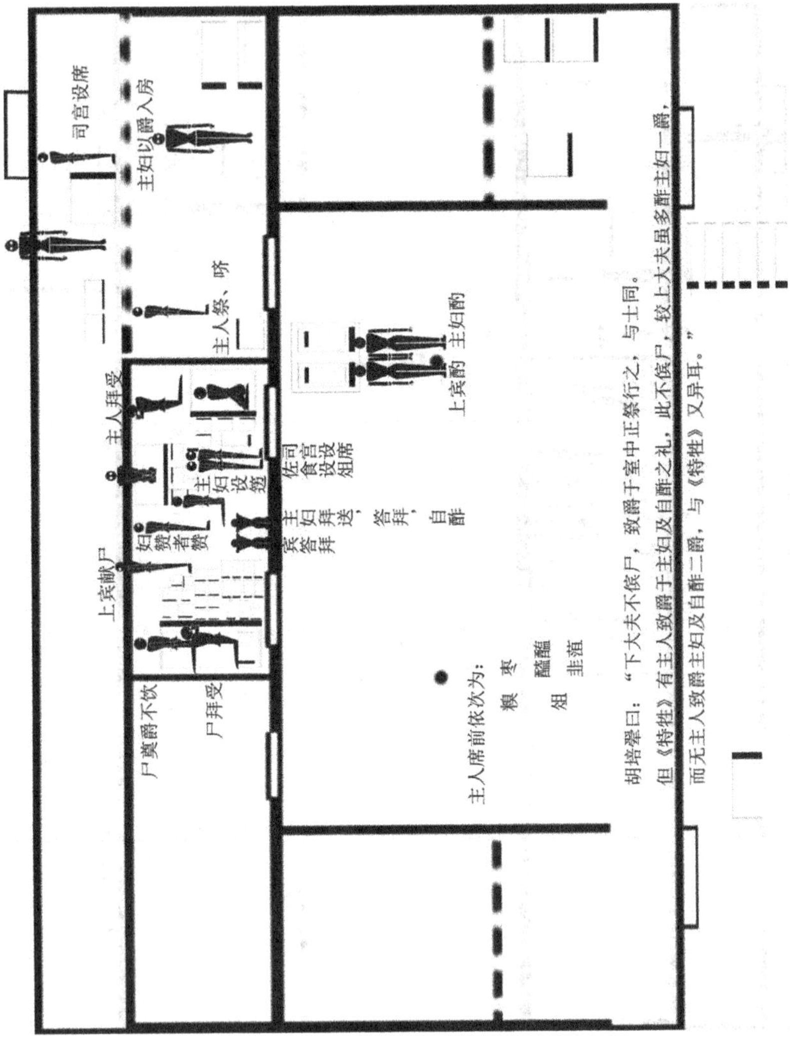

17－31－1　**不傧尸主妇亚献图一**

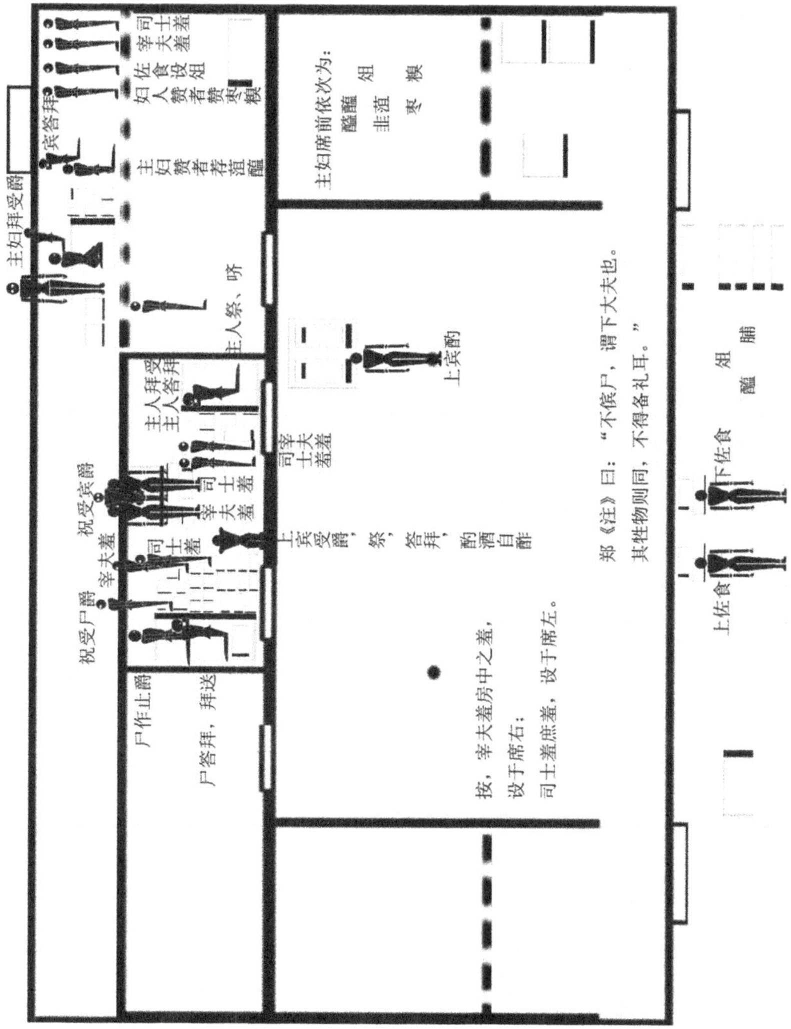

17－31－2　不傧尸主妇亚献图二

有司人物行事一览表（表左）

有司第十七																					
	一、傧尸																				
	礼前准备			傧尸																	
	1 将傧尸以选侑	2 迎尸及侑	3 陈鼎阶下设俎俟载	4 主人献尸	5 主人献侑	6 主人受尸酢初献礼竟	7 主妇献尸	8 主妇献侑	9 主妇致爵于主人	10 主妇受尸酢亚献礼竟	11 上宾三献尸尸奠爵不举	12 主人酬尸	13 羞于尸侑主人主妇	14 主人献宾长	15 辩献众宾	16 主人自酢于宾长	17 主人酬宾长	18 主人献兄弟	19 主人献内宾	20 主人献私人均神惠偏	21 上宾三献礼成
主人	议侑	迎尸、侑		受几授尸，洗爵献尸	献侑	受爵，祭、哜			受爵，祭、哜	受爵，祭、哜		洗爵，酬尸		洗爵，献宾，受空爵	献众宾	酌酒自酢	酬宾长	献兄弟	献内宾、宗妇	献私人	受酒
宾				宾长设俎		设俎	设俎	设俎	进俎	进俎	上宾献尸			长宾受爵，祭、哜	受酒	长宾升，拜	长宾受爵				上宾酌酒授侑、主人
尸		入		受几，受爵，祭、哜		洗爵，献主人	受酒，祭、哜			洗爵，酢主人	受酒	受酬酒									祭、哜，酢上宾
侑		入			受爵，祭、哜				受爵，祭、哜		赞尸	赞									受酒
	由异姓宾客担任，佐尸进餐。盛世佐认为其为为尸之辅，相当于宾之介。之所以选择异姓宾客有“广敬”之意，即无论姓氏都尊尸敬尸。																				
兄弟																		受酒			
宰				授主人几																	

续表

有司第十七																					
	一、傧尸																				
	礼前准备			傧尸																	
	1将傧尸以选侑	2迎尸及侑	3陈鼎阶下设俎侯载	4主人献尸	5主人献侑	6主人受尸酢初献礼竟	7主妇献尸	8主妇献侑	9主妇致爵于主人	10主妇受尸酢亚献礼竟	11上宾三献尸尸奠爵不举	12主人酬尸	13羞于尸侑主人主妇	14主人献宾长	15辩献众宾	16主人自酢于宾长	17主人酬宾长	18主人献兄弟	19主人献内宾	20主人献私人均神惠偏	21上宾三献礼成
宗人	告侑	为摈者，相礼																			
宰夫				授尸稻黍									羞	进脯醢，后彻	赞主人酌酒		洗觶，授觶			赞主人酌酒	
	任职于大夫的家臣，主要负责为家主掌管食物，亦负责在礼仪中佐家主行礼事，为礼仪陈设布置等（详见《仪礼释官》卷六）。																				
雍人				陈俎，授匕俎																	
雍正			执匕从鼎																		
雍府			执二匕从雍正																		
司马			陈羊鼎	取羊牲、载牲，取羊汤，进俎，彻空俎	进俎	进俎，彻空俎				设俎											

续表

有司第十七																					
	一、傧尸																				
	礼前准备			傧尸																	
	1将傧尸以选侑	2迎尸及侑	3陈鼎阶下设俎俟载	4主人献尸	5主人献侑	6主人受尸酢初献礼竟	7主妇献尸	8主妇献侑	9主妇致爵于主人	10主妇受尸酢亚献礼竟	11上宾三献尸尸奠爵不举	12主人酬尸	13羞于尸侑主人主妇	14主人献宾长	15辩献众宾	16主人自酢于宾长	17主人酬宾长	18主人献兄弟	19主人献内宾	20主人献私人均神惠偏	21上宾三献礼成
司士			陈豕鼎、鱼鼎；执俎从雍府	取豕牲、载牲，取鱼、载鱼			进俎	进俎，后彻空俎					羞	设俎，后彻							进俎，彻俎
司宫	搅酒	布席				设席	取爵授主妇赞者			设妇席											
司宫	为大夫摄官（详见《仪礼释官》卷六），即在礼事中大夫令属吏暂时行司宫之执事，具体负责为家主清洗陈设礼器。																				
私人																				受酒	
私人	大夫家臣的统称，因大夫之家臣大多由其自行辟除（参见《仪礼释官》卷六）。																				
司士赞者			执俎从司士																		
有司	彻，重俎牲肉														进脯醢，设折俎			进脯醢，设折俎	进脯醢，设折俎		

续表

	有司第十七																				
	一、傧尸																				
	礼前准备			傧尸																	
	1将傧尸以选侑	2迎尸及侑	3陈鼎阶下设俎俟载	4主人献尸	5主人献侑	6主人受尸酢初献礼竟	7主妇献尸	8主妇献侑	9主妇致爵于主人	10主妇受尸酢亚献礼竟	11上宾三献尸尸奠爵不举	12主人酬尸	13羞于尸侑主人主妇	14主人献宾长	15辩献众宾	16主人自酢于宾长	17主人酬宾长	18主人献兄弟	19主人献内宾	20主人献私人均神惠偏	21上宾三献礼成
主妇				授尸菹醢等	进馐	进馐	洗爵，献尸，进馐	献侑，进馐	酌酒献，进馐												
主妇赞者				授主妇菹醢等	赞主妇	赞主妇	受爵授主妇，赞妇进馐			进馐											
妇人赞者										赞主妇赞者											
内宾宗妇																			受酒		
	据郑《注》，内宾为姑姊妹及宗妇。																				
附注	1206	1207		1207—1209	1209	1209—1210	1210					1210—1211	1211	1213	1213—1214	1214					1214—1215

有司人物行事一览表（表右）

	有司第十七																	
	一、傧尸						二、不傧尸											
	旅酬																	
	22 二人举觯为旅酬	23 兄弟后生举觯	24 宾长加献于尸	25 宾一人举觯于尸更为旅酬	26 二觯交错为无筭爵	27 傧尸礼毕	28 不傧尸者尸八饭后事	29 不傧尸者尸十一饭时事	30 不傧尸者主人初献与傧尸者正祭初献同	31 不傧尸主妇亚献	32 不傧尸者宾长三献	33 不傧尸者三献后主人偏献堂下并内宾之事	34 不傧尸者次宾长为加爵	35 不傧尸旅酢无筭爵	36 不傧尸佐食为加爵	37 不傧尸者礼终尸出	38 馂	39 不傧尸者为阳厌
主人	受酒，酬侑					拜送	拜侑		洗爵献尸、祝、佐食		祭，哜	拜，献众宾、内宾、私人、兄弟	受酒			出室，下堂		出室，送宾众宾出
宾			众宾长献尸	酬尸	进酬酒	出庙			宾长进肝	次宾进燔	上宾献尸，受酢，献祝、佐食、主人、主妇，自酢	众宾受酒	众宾长献尸、祝、主人、主妇、自酢	旅酬			宾长馂	
尸	受酒，酬主人		受酒	旅酬		出庙	祭、哜	祭、哜	祭、哜	祭，哜	受酒，酢上宾		受酒，酢众宾长		酢佐食	出庙		

续表

有司第十七																		
	一、傧尸						二、不傧尸											
	旅酬																	
	22 二人举觯为旅酬	23 兄弟后生举觯	24 宾长加献于尸	25 宾一人举觯于尸更为旅酬	26 二觯交错为无筭爵	27 傧尸礼毕	28 不傧尸者尸八饭后事	29 不傧尸者尸十一饭时事	30 不傧尸者主人初献与傧尸者正祭初献同	31 不傧尸主妇亚献	32 不傧尸者宾长三献	33 不傧尸者三献后主人偏献堂下并内宾之事	34 不傧尸者次宾长为加爵	35 不傧尸旅酢无筭爵	36 不傧尸佐食为加爵	37 不傧尸者礼终尸出	38 馂	39 不傧尸者为阳厌
侑	受酒，酬宾、兄弟					从尸出庙												
佐食							助祭	助祭	助祭	助祭	设俎				洗爵献尸、祝	彻俎	馂	
兄弟		后生授酒；长兄弟受酒			进酬酒							兄弟受酒		兄弟旅酬				
祝							侑尸		受空爵，酌酒授尸，祝福主人	助祭，受燔，受空爵，洗爵酌酒献尸	受尸空爵，酌酒献尸			受酒	受酒	告利成，导尸出，返归位令彻俎		彻俎，告利成

续表

	有司第十七																	
	一、傧尸						二、不傧尸											
	旅酬																	
	22 二人举觯为旅酬	23 兄弟后生举觯	24 宾长加献于尸	25 宾一人举觯于尸更为旅酬	26 二觯交错为无筭爵	27 傧尸礼毕	28 不傧尸者尸八饭后事	29 不傧尸者尸十一饭时事	30 不傧尸者主人初献与傧尸者正祭初献同	31 不傧尸主妇亚献	32 不傧尸者宾长三献	33 不傧尸者三献后主人偏献堂下并内宾之事	34 不傧尸者次宾长为加爵	35 不傧尸旅酢无筭爵	36 不傧尸佐食为加爵	37 不傧尸者礼终尸出	38 馂	39 不傧尸者为阳厌
宰夫										进枣、糗饵	羞							彻馈，陈
司马																		彻馈，陈
司士						归尸俎、侑俎					羞							彻馈，陈
司宫											设席							扫，阖户牖
私人	受酒			受酒	受酒							受酒						
有司						彻						进脯醢				归尸俎		归祝俎

续表

	有司第十七																	
	一、傧尸						二、不傧尸											
	旅酬																	
	22 二人举觯为旅酬	23 兄弟后生举觯	24 宾长加献于尸	25 宾一人举觯于尸更为旅酬	26 二觯交错为无筭爵	27 傧尸礼毕	28 不傧尸者尸八饭后事	29 不傧尸者尸十一饭时事	30 不傧尸者主人初献与傧尸者正祭初献同	31 不傧尸主妇亚献	32 不傧尸者宾长三献	33 不傧尸者三献后主人偏献堂下并内宾之事	34 不傧尸者次宾长为加爵	35 不傧尸旅酢无筭爵	36 不傧尸佐食为加爵	37 不傧尸者礼终尸出	38 馂	39 不傧尸者为阳厌
有司赞者	洗爵，授酒，羞庶羞，呼长宾升																	
主妇										献尸，祭、饮，献祝，献佐食	酌酒献主人，进菹醢，自酢，祭，哜		受酒					彻馈，陈
主妇赞者										从主妇	从主妇，为主妇进菹醢							

续表

	有司第十七																	
	一、傧尸						二、不傧尸											
	旅酬																	
	22 二人举觯为旅酬	23 兄弟后生举觯	24 宾长加献于尸	25 宾一人举觯于尸更为旅酬	26 二觯交错为无筭爵	27 傧尸礼毕	28 不傧尸者尸八饭后事	29 不傧尸者尸十一饭时事	30 不傧尸者主人初献与傧尸者正祭初献同	31 不傧尸主妇亚献	32 不傧尸者宾长三献	33 不傧尸者三献后主人偏献堂下并内宾之事	34 不傧尸者次宾长为加爵	35 不傧尸旅酢无筭爵	36 不傧尸佐食为加爵	37 不傧尸者礼终尸出	38 馂	39 不傧尸者为阳厌
妇人赞者											从主妇赞者							
内宾宗妇												受酒						彻馈，陈
附注	1215						1215–1216	1216		1216–1217	1217				1218			

有司所涉礼例一览表

				主要礼例							
				通例上第一	通例下第二	饮食之例上第三	饮食之例中第四	饮食之例下第五	宾客之例第六	祭例上第九	祭例下第十
有司第十七	一、傧尸	礼前准备	1 将傧尸以选侑	1-7	2-6 2-20			5-5 5-6 5-7 5-8 5-9 5-10	6-6	9-9	
有司第十七	一、傧尸	礼前准备	2 迎尸及侑	1-1 1-3 1-5 1-6 1-7 1-8 1-14 1-17	2-6 2-21				6-6	9-9	10-14 10-15
有司第十七	一、傧尸	礼前准备	3 陈鼎阶下设俎俟载	1-7	2-6			5-12 5-13 5-16 5-17	6-6		10-14 10-15
有司第十七	一、傧尸	傧尸	4 主人献尸	1-6 1-7 1-8 1-14	2-2 2-3 2-4 2-6 2-7 2-9 2-11 2-12 2-13	3-1 3-6 3-7 3-8 3-9 3-10 3-11 3-13 3-14	4-10 4-18	5-5 5-6 5-7 5-8 5-9	6-6		10-1 10-2 10-3 10-14 10-15
有司第十七	一、傧尸	傧尸	5 主人献侑	1-7 1-8	2-6 2-7 2-9	3-1 3-6 3-7 3-8 3-10 3-11 3-14	4-10 4-18	5-5 5-6 5-7 5-8 5-9	6-6		10-1 10-2 10-3 10-14 10-15
有司第十七	一、傧尸	傧尸	6 主人受尸酢初献礼竟	1-6 1-7 1-8 1-14	2-2 2-6 2-7 2-9 2-11 2-12 2-13	3-2 3-10 3-11 3-12 3-14	4-10 4-18	5-5 5-6 5-7 5-8 5-9	6-6		10-1 10-3 10-14 10-15

续表

				主要礼例							
				通例上第一	通例下第二	饮食之例上第三	饮食之例中第四	饮食之例下第五	宾客之例第六	祭例上第九	祭例下第十
有司第十七	一、傧尸	傧尸	7 主妇献尸	1–7 1–8 1–14 1–15 1–16	2–6 2–7 2–9	3–1 3–6 3–7 3–10 3–11 3–14	4–10 4–18	5–5 5–6 5–7 5–8 5–9	6–6		10–1 10–2 10–3 10–7 10–14 10–15
			8 主妇献侑	1–7 1–8 1–14 1–15 1–16	2–6 2–7	3–1 3–6 3–7 3–10 3–11 3–14	4–10 4–18	5–5 5–6 5–7 5–8 5–9	6–6		10–1 10–2 10–3 10–14 10–15
			9 主妇致爵于主人	1–7 1–8 1–14 1–15 1–16	2–6 2–7 2–9	3–10 3–11 3–14	4–10 4–18	5–5 5–6 5–7 5–8 5–9	6–6		10–1 10–2 10–3 10–14 10–15
			10 主妇受尸酢亚献礼竟	1–6 1–7 1–8 1–14 1–15 1–16	2–2 2–6 2–7 2–9 2–11 2–12	3–2 3–10 3–11 3–12 3–14	4–10 4–18	5–5 5–6 5–7 5–8 5–9	6–6		10–1 10–3 10–14 10–15
			11 上宾三献尸尸奠爵不举	1–7 1–8 1–14	2–6 2–7	3–1 3–6 3–7 3–10 3–11 3–14	4–10 4–18	5–5 5–6 5–7 5–8 5–9	6–6		10–1 10–2 10–3 10–5 10–14 10–15
			12 主人酬尸	1–6 1–7 1–8 1–14 1–17	2–6 2–7 2–9 2–11 2–12 2–13	3–3 3–10 3–11 3–14 3–15 3–16 3–17	4–10 4–18	5–5 5–6 5–7 5–8 5–9	6–6		10–1 10–14 10–15
			13 羞于尸侑主人主妇	1–7	2–6	3–10 3–11 3–14	4–10 4–18	5–5 5–6 5–7 5–8 5–9	6–6		10–1 10–14 10–15

续表

				主要礼例							
				通例上第一	通例下第二	饮食之例上第三	饮食之例中第四	饮食之例下第五	宾客之例第六	祭例上第九	祭例下第十
有司第十七	一、傧尸	傧尸	14 主人献宾长	1-7 1-8 1-9 1-14	2-1 2-6 2-7 2-13	3-1 3-6 3-7 3-10 3-11 3-14	4-10 4-18	5-5 5-6 5-7 5-8 5-9	6-6		10-1 10-14 10-15
			15 辩献众宾	1-7 1-8 1-14	2-1 2-6 2-7	3-1 3-6 3-7 3-10 3-11 3-12 3-14	4-10 4-18	5-5 5-6 5-7 5-8 5-9	6-6		10-1 10-14 10-15
			16 主人自酢于宾长	1-7	2-6 2-7	3-2 3-10 3-11 3-14	4-10 4-18	5-5 5-6 5-7 5-8 5-9	6-6		10-1 10-14 10-15
			17 主人酬宾长	1-7 1-8 1-14	2-6 2-7	3-3 3-10 3-11 3-14 3-15 3-16 3-17	4-10 4-18	5-5 5-6 5-7 5-8 5-9	6-6		10-1 10-14 10-15
			18 主人献兄弟	1-7 1-8 1-14	2-6 2-7	3-1 3-6 3-7 3-10 3-11 3-14	4-10 4-18	5-5 5-6 5-7 5-8 5-9	6-6		10-1 10-14 10-15
			19 主人献内宾	1-7 1-8 1-14 1-15 1-16	2-6	3-1 3-6 3-7 3-10 3-11 3-14	4-10 4-18	5-5 5-6 5-7 5-8 5-9	6-6		10-1 10-14 10-15

续表

				主要礼例							
				通例上第一	通例下第二	饮食之例上第三	饮食之例中第四	饮食之例下第五	宾客之例第六	祭例上第九	祭例下第十
有司第十七	一、傧尸	傧尸	20 主人献私人均神惠偏	1-7 1-8 1-14	2-6 2-7	3-1 3-6 3-7 3-10 3-11 3-14	4-10 4-18	5-5 5-6 5-7 5-8 5-9	6-6		10-1 10-14 10-15
			21 上宾三献礼成	1-7 1-8 1-14	2-6 2-7	3-1 3-6 3-7 3-10 3-11 3-14	4-10 4-18	5-5 5-6 5-7 5-8 5-9	6-6		10-1 10-14 10-15
		旅酬	22 二人举觯为旅酬	1-7 1-8 1-14	2-6 2-7	3-4 3-10 3-11 3-14	4-1 4-2 4-3 4-4 4-5 4-10 4-18	5-5 5-6 5-7 5-8 5-9	6-6		10-14 10-15
			23 兄弟后生举觯	1-7 1-9 1-14	2-6 2-7	3-10 3-11 3-14	4-10 4-18	5-5 5-6 5-7 5-8 5-9	6-6		10-14 10-15
			24 宾长加献于尸	1-7 1-8 1-14	2-6	3-1 3-6 3-10 3-11 3-14	4-10 4-18	5-5 5-6 5-7 5-8 5-9	6-6		10-14 10-15
			25 宾一人举觯于尸更为旅酬	1-7 1-8 1-14	2-6	3-4 3-10 3-11 3-14	4-1 4-2 4-3 4-4 4-5 4-10 4-18	5-5 5-6 5-7 5-8 5-9	6-6		10-14 10-15
			26 二觯交错为无筭爵	1-7	2-6	3-5 3-10 3-11 3-14	4-1 4-6 4-7 4-8 4-9 4-10 4-18	5-5 5-6 5-7 5-8 5-9	6-6		10-14 10-15
			27 傧尸礼毕	1-7 1-13 1-18	2-6				6-6		10-14 10-15

续表

			主要礼例							
			通例上第一	通例下第二	饮食之例上第三	饮食之例中第四	饮食之例下第五	宾客之例第六	祭例上第九	祭例下第十
有司第十七	二、不傧尸	28 不傧尸者尸八饭后事	1-7	2-6		4-18	5-5 5-6 5-7 5-8 5-9			10-14 10-15
		29 不傧尸者尸十一饭时事	1-6 1-7 1-8 1-14	2-6	3-1 3-6 3-7 3-10 3-11 3-14 3-18	4-18	5-5 5-6 5-7 5-8 5-9			10-14 10-15
		30 不傧尸者主人初献与傧尸者正祭初献同	1-7 1-8 1-14 1-15 1-16	2-6	3-1 3-2 3-6 3-7 3-10 3-11 3-12 3-14 3-18	4-10 4-18	5-5 5-6 5-7 5-8 5-9			10-14 10-15
		31 不傧尸主妇亚献	1-7 1-8 1-14 1-15 1-16	2-6	3-1 3-2 3-6 3-7 3-10 3-11 3-12 3-14 3-18	4-10 4-18	5-5 5-6 5-7 5-8 5-9			10-7 10-14 10-15
		32 不傧尸者宾长三献	1-6 1-7 1-8 1-9 1-14 1-15 1-16	2-6	3-1 3-2 3-6 3-7 3-10 3-11 3-12 3-14 3-18	4-10 4-18	5-5 5-6 5-7 5-8 5-9 5-11			10-5 10-6 10-14 10-15

续表

			主要礼例							
			通例上第一	通例下第二	饮食之例上第三	饮食之例中第四	饮食之例下第五	宾客之例第六	祭例上第九	祭例下第十
有司第十七	二、不傧尸	33 不傧尸者三献后主人偏献堂下并内宾之事	1–7 1–8 1–14	2–6	3–1 3–3 3–6 3–7 3–10 3–11 3–14 3–15 3–16 3–17	4–10 4–18	5–5 5–6 5–7 5–8 5–9			10–6 10–14 10–15
		34 不傧尸者次宾长为加爵	1–7	2–6	3–1 3–2 3–6 3–7 3–10 3–11 3–12 3–14	4–10 4–18	5–5 5–6 5–7 5–8 5–9			10–4 10–6 10–14 10–15
		35 不傧尸旅酢无筭爵	1–7	2–6	3–4 3–5 3–10 3–11 3–14	4–1 4–2 4–3 4–4 4–5 4–6 4–7 4–8 4–9 4–10 4–18	5–5 5–6 5–7 5–8 5–9			10–14 10–15
		36 不傧尸佐食为加爵	1–7	2–6	3–1 3–2 3–6 3–10 3–11 3–12 3–14	4–10 4–18	5–5 5–6 5–7 5–8 5–9			10–4 10–14 10–15
		37 不傧尸者礼终尸出	1–7	2–6		4–18	5–5 5–6 5–7 5–8 5–9			10–14 10–15

续表

			主要礼例							
			通例上第一	通例下第二	饮食之例上第三	饮食之例中第四	饮食之例下第五	宾客之例第六	祭例上第九	祭例下第十
有司第十七	二、不傧尸	38 馂	1–7	2–6		4–18	5–5 5–6 5–7 5–8 5–9			10–14 10–15
		39 不傧尸者为阳厌	1–7 1–8 1–13 1–14 1–18	2–6		4–13			9–9	10–14 10–15

［注释］

[1－1] 凡迎宾，主人敌者于大门外，主人尊者于大门内。

[1－3] 凡入门，宾入自左，主人入自右，皆主人先入。

[1－5] 凡入门，将右曲，揖；北面曲，揖；当碑，揖；谓之三揖。

[1－6] 凡升阶皆让，宾主敌者俱升，不敌者不俱升。

[1－7] 凡升阶皆连步，唯公所辞则栗阶。

[1－8] 凡门外之拜皆东西面，堂上之拜皆北面。

[1－9] 凡室中、房中拜以西面为敬，堂下拜以北面为敬。

[1－13] 凡拜送之礼，送者拜，去者不答拜。

[1－14] 凡丈夫之拜坐，妇人之拜兴；丈夫之拜奠爵，妇人之拜执爵。

[1－15] 凡妇人于丈夫皆侠拜。

[1－16] 凡妇人重拜皆扱地。

[1－17] 凡推手曰揖，引手曰厌。

[1－18] 凡送宾，主人敌者于大门外，主人尊者于大门内。

[2－1] 凡授受之礼，同面者谓之并授受。

[2－2] 凡授受之礼，相向者谓之讶授受。

［2－3］凡授受之礼，敌者于楹间，不敌者不于楹间。

［2－4］凡相礼者之授受皆讶授受。

［2－6］凡佐礼者，在主人曰摈，在客曰介。

［2－7］凡宾、主人礼，盛者专阶，不盛者不专阶。

［2－9］凡宾升席自西方，主人升席自北方。

［2－11］凡降洗、降盥，皆一揖、一让升。

［2－12］凡宾、主人敌者，降则皆降。

［2－13］凡一辞而许曰礼辞；再辞而许曰固辞；三辞不许曰终辞。

［2－20］凡陈鼎，大夫士，门外北面，北上；诸侯，门外南面，西上。反吉，则西面。

［2－21］凡设席，南向北向，于神则西上，于人则东上；东向西向，于神则南上，于人则北上。

［3－1］凡主人进宾之酒谓之献。

［3－2］凡宾报主人之酒谓之酢。

［3－3］凡主人先饮以劝宾之酒谓之酬。

［3－4］凡正献既毕之酒谓之旅酬。

［3－5］凡旅酬既毕之酒谓之无筭酬。

［3－6］凡献酒皆有荐，礼盛者则设俎。

［3－7］凡荐脯醢在升席先，设俎在升席后。

［3－8］凡献酒，礼盛者受爵于席前，拜与卒爵于阶上。

［3－9］凡献酒，礼盛者则啐酒，告旨。

［3－10］凡啐酒于席末，告旨则降席拜。

［3－11］凡献酒，礼盛者受爵告旨，卒爵皆拜，酢主人；礼杀者不拜告旨；又杀者不酢主人。

［3－12］凡酢如献礼，崇酒，不告旨；礼杀者，则以虚爵授之。

［3－13］凡宾告旨在卒爵前，于席西拜；主人崇酒在卒爵后，于阶上拜。

［3－14］凡礼盛者坐卒爵，礼杀者立卒爵。

［3－15］凡酬酒，先自饮，复酌，奠而不授，举觯、媵爵亦如之。

[3－16] 凡酬酒奠而不举，礼杀者则用为旅酬、无筭爵始。

[3－17] 凡酬酒不拜洗。

[3－18] 凡献工与笙于阶上，献获者与释获者于堂下，献祝与佐食于室中。

[4－1] 凡一人举觯为旅酬始，二人举觯为无筭酬始。

[4－2] 凡旅酬皆以尊酬卑，谓之旅酬下为上。

[4－3] 凡旅酬，不及献酒者不兴。

[4－4] 凡旅酬皆拜，不祭，立饮。

[4－5] 凡旅酬，不洗，不拜既爵。

[4－6] 凡无筭酬，必先撤俎、降阶。

[4－7] 凡无筭爵，皆说屦，升坐，乃羞。

[4－8] 凡无筭爵，不拜，唯受爵于君者拜。

[4－9] 凡无筭爵，堂上、堂下执事者皆兴。

[4－10] 凡奠爵，将举者于右，不举者于左。

[4－13] 凡设馔以豆为本。

[4－18] 凡食礼有豆无笾；饮酒之礼豆笾皆有。

[5－5] 凡执爵皆左手，祭荐皆右手。

[5－6] 凡祭荐者坐，祭俎者兴；祭荐者执爵，祭俎者奠爵。

[5－7] 凡祭荐不捝手；祭俎则捝手。

[5－8] 凡祭酒，礼盛者啐酒，不盛者不啐酒；祭肺，礼盛者祭肺，不盛者不祭肺。

[5－9] 凡祭皆于笾豆之间，或上豆之间。

[5－10] 凡贱者亦祭。

[5－11] 凡饮酒，君臣不相袭爵，男女不相袭爵。

[5－12] 凡脯醢谓之荐，出自东房。

[5－13] 凡牲皆用右胖，唯变礼反吉用左胖。

[5－16] 凡肺皆有二，一举肺，一祭肺。

[5－17] 凡牲，杀曰饔，生曰饩；饔之属皆陈于堂上下，饩之属皆陈于门

内外。

［6－6］凡宾、主人行礼毕，主人待宾，用醴则谓之礼，不用醴则谓之傧。

［9－9］凡尸既出室之后，改馔于西北隅，谓之阳厌。

［10－1］凡傧尸之礼，唯尸、侑及主人备三献，自主妇以下皆一献礼成。

［10－2］凡傧尸，主人献，其从献皆用羊；主妇献，其从献皆用豕；上宾献，其从献皆用鱼。

［10－3］凡傧尸，羊俎为正俎，其余皆以二俎益送之。

［10－4］凡士祭，正献后加爵三；下大夫祭，正献后加爵二；傧尸，则正献后加爵一。

［10－5］凡致爵，皆在宾三献之间，加爵亦致。若傧尸，则于堂上献尸侑时，行之。

［10－6］凡不傧尸之祭，宾三献爵止，则均神惠于室；加爵者爵止，则均神惠于庭。

［10－7］凡祭，阴厌则荐豆设俎，尸饭则加豆，亚献则荐笾；若将傧尸，则正献不荐。

［10－14］凡正祭于室，傧尸则于堂。

［10－15］凡尸在室中皆东面；在堂上则南面。

有司所涉方位图一览表

<table>
<tr><td colspan="3"></td><td>杨复《仪礼图》</td><td>张惠言《仪礼图》</td><td>黄以周《礼书通故》</td><td>吴之英《寿栎庐仪礼奭固礼事图》</td></tr>
<tr><td rowspan="6">有司第十七</td><td rowspan="3">一、傧尸之礼前准备</td><td>1 将傧尸以选侑</td><td></td><td rowspan="3">馔具迎尸侑拜至 1751</td><td rowspan="3">馔具戒侑拜至 2245</td><td>彻设 396</td></tr>
<tr><td>2 迎尸及侑</td><td>迎尸侑图 294</td><td>主人迎尸 396</td></tr>
<tr><td>3 陈鼎阶下设俎俟载</td><td>举鼎设俎图 295</td><td>举鼎 397</td></tr>
<tr><td rowspan="3">二、傧尸之正礼</td><td>4 主人献尸</td><td>授尸几图 296
主人献尸图 298</td><td>举鼎授几 1751
主人献尸 1752</td><td rowspan="2">初献之一（主人献尸献侑）2246</td><td>主人授尸几 397
主人献尸荐豆笾 398
朼载 398
尸祭荐俎 399</td></tr>
<tr><td>5 主人献侑</td><td>主人献侑图 299</td><td>主人献侑 1752</td><td>主人献侑 399</td></tr>
<tr><td>6 主人受尸酢初献礼竟</td><td>尸酢主人图 300</td><td>尸酢主人 1753</td><td>初献之二（尸酢主人礼终）2247</td><td>尸酌主人 400</td></tr>
</table>

续表

			杨复《仪礼图》	张惠言《仪礼图》	黄以周《礼书通故》	吴之英《寿栎庐仪礼奭固礼事图》
有司第十七	二、傧尸之正礼	7 主妇献尸	主妇亚献尸图 301	主妇献尸侑致爵 1753	亚献之一（主妇献尸侑及致爵主人）2248	主妇献尸 400
		8 主妇献侑	主妇亚献侑图 301			主妇献侑 401
		9 主妇致爵于主人	主妇致爵于主人图 302			主妇酌致主人 401
		10 主妇受尸酢亚献礼竟	尸酢主妇图 303	尸酢主妇 1754	亚献之二（尸酢主妇礼终）2249	尸酌主妇 402
		11 上宾三献尸尸奠爵不举	上宾三献尸图 303		三献之一（上宾献尸主人酬尸）2250	
		12 主人酬尸	主人酬尸图 304	酬尸 1754		
		13 羞于尸侑主人主妇	乃羞于尸侑主人主妇图 304			羞 402
		14 主人献宾长	主人献宾图 305	献宾兄弟私人 1755	三献之二（献宾献兄弟私人）2251	主人献宾长 403
		15 辩献众宾				主人献众宾 403
		16 主人自酢于宾长				主人酌酢宾长 404
		17 主人酬宾长	主人酬宾图 306			主人酬长宾 404
		18 主人献兄弟	主人献兄弟图 306			主人献兄弟 405
		19 主人献内宾	主人献内宾及私人图 307			主人献内宾 405
		20 主人献私人均神惠偏				主人献私人 406

续表

<table>
<tr><th colspan="3"></th><th>杨复《仪礼图》</th><th>张惠言《仪礼图》</th><th>黄以周《礼书通故》</th><th>吴之英《寿栎庐仪礼奭固礼事图》</th></tr>
<tr><td rowspan="7">有司第十七</td><td>二、傧尸之正礼</td><td>21 上宾三献礼成</td><td>尸作宾爵及宾献侑致主人尸酌酢图 308</td><td>尸作三献爵宾献侑致爵主人 1755</td><td>三献之三（尸作三献爵献侑致主人尸酢三献礼终）2252</td><td>尸作三献爵 406
三献献侑 407
三献酌致主人 407
尸酢三献 408</td></tr>
<tr><td rowspan="6">三、傧尸之旅酬无筭酬</td><td>22 二人举觯为旅酬</td><td>二人举觯旅酬图 309</td><td>二人举觯 1756
旅酬 1756</td><td rowspan="4">旅酬（二人举觯尸酬主人主人酬侑侑酬宾长至于众宾遂及兄弟私人）2253</td><td>二人举觯尸侑 408
尸酬主人 409
主人酬侑 409
侑酬长宾遂辩 410</td></tr>
<tr><td>23 兄弟后生举觯</td><td>兄弟之后生举觯于其长图 209</td><td rowspan="5">兄弟举觯宾长献尸宾一人举觯无筭爵 1757</td><td>兄弟后生举觯 410</td></tr>
<tr><td>24 宾长加献于尸</td><td></td><td>宾长再献尸 411</td></tr>
<tr><td>25 宾一人举觯于尸更为旅酬</td><td></td><td>宾举爵遂酬 411</td></tr>
<tr><td>26 二觯交错为无筭爵</td><td></td><td>无筭爵 2254</td><td>宾及兄弟错酬 412</td></tr>
<tr><td>27 傧尸礼毕</td><td></td><td></td><td>尸出 412</td></tr>
</table>

续表

			杨复《仪礼图》	张惠言《仪礼图》	黄以周《礼书通故》	吴之英《寿栎庐仪礼奭固礼事图》
有司第十七	四、不傧尸	28 不傧尸者尸八饭后事	不傧尸盛尸俎图 311	不傧尸八饭盛俎 1757		不傧尸尸卒食 413
		29 不傧尸者尸十一饭时事				不傧尸尸受酢 413
		30 不傧尸者主人初献与傧尸者正祭初献同				不傧尸主妇献尸 414
		31 不傧尸主妇亚献		不傧尸亚献羞筵 1758	不傧尸亚献（初献如傧）2255	不傧尸酢主妇 414 不傧主妇献祝及二佐食 415
		32 不傧尸者宾长三献		不傧尸三献爵止主妇致爵主人 1758 不傧尸三献宾献佐食致爵主人主妇酌酢 1759	不傧尸三献 2256	不傧主妇酌致主人 415 不傧尸作宾献爵酢宾 416 不傧宾致爵主人 416 不傧宾致爵主妇 417 不傧宾酌酢于主人 417

续表

			杨复《仪礼图》	张惠言《仪礼图》	黄以周《礼书通故》	吴之英《寿栎庐仪礼奭固礼事图》
有司第十七	四、不傧尸	33 不傧尸者三献后主人偏献堂下并内宾之事	不傧尸盛尸俎图 311	不傧尸三献爵止主妇致爵主人 1758 不傧尸三献宾献佐食致爵主人主妇酌酢 1759		不傧主人洗献众宾 418 不傧主人洗献兄弟与内宾与私人 418
		34 不傧尸者次宾长为加爵				不傧宾长献尸尸酢献祝致酢 419
		35 不傧尸旅酢无算爵				不傧宾兄弟错酬 419
		36 不傧尸佐食为加爵				不傧利洗献尸及祝 420
		37 不傧尸者礼终尸出		不傧尸利成彻俎出 1759		不傧尸出祝反彻 420
		38 馂				不傧馂 421
		39 不傧尸者为阳厌				不傧官彻改设 421 不傧彻设后再告利成 422

礼器表

几　《说文解字》曰："几，坐所以凭也。"

鼎　《说文解字》曰："三足两耳，和五味之宝器也。"

铏　古代盛羹的鼎，两耳三足，有盖，常用于祭祀。

镬　《周礼·大宗伯》注曰："烹饪器也。"古时指无足的鼎，见《淮南子·说山》注："无足曰镬。"

禁　郑《注》曰："禁承尊之器。"可知为承酒尊的器座，可分为长方形与方形，有足与无足皆有。其中，有足的称为"禁"，无足的称为"斯禁"。

棜　孔颖达曰："棜长四尺，广二尺四寸，深五寸，无足，赤中，画青云气菱苕华为饰。"《仪礼·特牲馈食礼》疏云："器本无名，人与立号。棜之与禁，因物立名。大夫尊以厌饫为名，士卑以禁戒为称。复有以有足无足立名，棜无足，禁有足。非祭礼，虽大夫去足犹存禁名。至祭则名棜，禁不为神戒也。"郑《注》曰："棜，斯禁也。谓之棜者，无足有似棜。大夫用斯禁，士用棜禁，如今方案，隋长局高三寸。"

洗　古代盥洗用的器皿，形似浅盆，圆形、宽口沿、平底或圜底。

匜　礼器，用于沃盥之礼，为客人洗手所用。周朝沃盥之礼所用水器由盘、盉组合变为盘、匜组合。匜形椭长，前有流，后有鋬，多有四足。

豆 《说文解字》曰："古食肉器也。"其形似高脚盘，或有盖。瓦豆即陶制之豆。

笾 《仪礼·士冠礼》疏云："竹器，如豆者。"

箪 《说文解字》曰："箪，笥也。"即古代盛饭的圆形竹器。

篚 《广韵》曰："竹器。方曰筐，圆曰篚。"《孟子·注疏》曰："篚，以竹为之，长三尺，广一尺，深六寸，足高三寸，上有盖也。"郑《注》曰："篚，竹器如笭者。"

敦 青铜器名，古代用来盛放黍、稷、粱、稻等饭食的器皿，由鼎、簋的形制结合发展而成。盖和器身都作半圆球形，各有三足或圈足，上下合成球形，盖可倒置。就饪食器总体的发展变化而言，与鼎中盛肉食相配套的盛饭食的器物，西周是簋，春秋是敦，战国以后则是盒。金敦即金装饰的敦，敖继公曰："金敦，以金饰之也。"

簋[1] 用于盛放煮熟饭食的器皿，也用作礼器，圆口，双耳。《说文解字》曰："黍稷方器也。"《广韵》曰："簠簋，祭器，受斗二升，内圆外方曰簋。"清代段玉裁《说文解字注》曰："黍稷方器也。周礼舍人注曰：'方曰簠；圆曰簋。盛黍稷稻粱也。'掌客注曰：'簠，稻粱器也。簋，黍稷器也。'"

俎 四脚方形盘，常设肉。《说文解字》曰："从半肉在且上。"且，祭祀所用的礼器。

匕 勺、匙之类的取食用具。《说文解字》曰："相与比叙也。从反人。匕，亦所以用比取饭，一名柶。凡匕之属皆从匕。卑履切。"匕枋即匕的柄。疏匕，郑《注》曰："疏匕，匕柄有刻饰

---

〔1〕 按，《仪礼》中敦簋不分。

者。”桃匕，郑《注》曰：“桃谓之歃，读如‘或舂或抌’之抌。字或作桃者，秦人语也。此二匕者，皆有浅升，状如饭操。挑，长枋。可以抒物于器中者。”

柶 舀取食物的礼器，像勺子。郑《注》曰：“角柶，角匕也。”

勺 《说文解字》曰：“勺，挹取也。”即舀酒器，形如有曲柄的小斗。

枓 郑《注》曰：“枓，斞水器也。凡设水用罍，沃盥用枓。”即挹酒器，一小杯连铸一条弯曲形的长柄。

罍 大型盛酒水的礼器。斜肩，深腹，圈足式，亦有少数为平底，有盖。

甒 盛酒有盖瓦器，口小，腹大，底小，较深。郑《注》曰：“瓦甒，五斗。”

甗 饪食器和礼器。上部用以盛放食物，称为甑，甑底是一有穿孔的箅，以利于蒸汽通过；下部是鬲，用以煮水，高足间可烧火加热。

爵 同“雀”。《说文解字》曰：“礼器也。象爵之形。中有鬯酒。又持之也。”《考工记·梓人》引《韩诗》云：“一升曰爵，二升曰觚，三升曰觯，四升曰角，五升曰散。”

觚 饮酒器，礼器。圈足，敞口，长身，口部和底部都呈现为喇叭状。

觯 饮酒器，礼器。形似尊而小，或有盖。

角 饮酒器，礼器。形似爵而无柱，两尾对称，有盖，用以温酒和盛酒。

散 王国维认为，散即斝的别称。容量为五升，除以漆涂面外，不用别物装饰。《周礼·春官·鬯人》：“庙用修，凡山川四方用蜃，凡祼事用概，凡副事用散。”郑《注》：“修、蜃、概、散皆漆尊也……概尊以朱带者，无饰曰散。”

毕 木制分叉，用以指挥陈器的礼器。《礼记·杂记上》曰：“毕用桑，长三尺，刊其柄与末。”郑《注》曰：“毕状如叉，盖为其似毕星，取名焉。”

鞍 占卜用的耆草筒。